Kreisläufe der Natur

Den Geheimnissen des Lebens auf der Spur

DK

DK | Penguin Random House

Lektorat Marie Greenwood, Abby Aitcheson, Jolyon Goddard, Seeta Parmar, Jonathan Melmoth, Sarah Larter
Gestaltung und Bildredaktion Joanne Clark, Katie Knutton, Robert Perry, Vijay Kandwal, Sakshi Saluja, Diane Peyton Jones
Herstellung Dragana Puvacic, Inderjit Bhullar

Fachliche Beratung Derek Harvey
Text Steve Setford, Lucy Spelman, Emily Keeble, Klint Janulis und Richard Walker (Pflanzen und Tiere), Sophie Allan (Weltall), Anthea Lacchia (Erde)
Illustrationen Sam Falconer

Für die deutsche Ausgabe:
Programmleitung Monika Schlitzer
Redaktionsleitung Martina Glöde
Projektbetreuung Sebastian Twardokus
Herstellungsleitung Dorothee Whittaker
Herstellungskoordination Claudia Rode
Herstellung Stefanie Staat

Titel der englischen Originalausgabe:
Life Cycles

Übersetzung Eva Sixt
Lektorat Hans Kaiser

ISBN 978-3-8310-4038-4

Druck und Bindung Leo Paper Products, China

FSC www.fsc.org MIX Papier | Fördert gute Waldnutzung FSC® C018179

www.dk-verlag.de

Kreisläufe der Natur

Den Geheimnissen des Lebens auf der Spur

Inhalt

Weltall

Erde

Pflanzen und Pilze

Tiere

Die Tiere werden in folgender Abfolge vorgestellt: Wirbellose, Fische, Amphibien, Reptilien, Vögel und Säugetiere.

Was ist ein Lebenskreislauf?

Bei den Vögeln und den meisten Reptilien und Amphibien legen die Weibchen Eier. Die Jungen entwickeln sich also außerhalb des Körpers.

Leben bedeutet ständige Veränderung, und diese Wechsel folgen bestimmten Mustern. Lebewesen wachsen, bekommen Nachwuchs und sterben schließlich. Das gilt auch für uns Menschen. Und auch unbelebte Dinge wie Gebirge, Steine, Flüsse und Planeten, ja sogar Kometen und Sterne verändern sich in Kreisläufen.

Die Kreisläufe sind miteinander verwoben. Pflanzen nehmen Nährstoffe und Wasser aus dem Boden und die Energie des Sonnenlichts auf. Tiere fressen Pflanzen und andere Tiere, um leben und wachsen zu können. Insekten verbreiten den Pollen der Pflanzen, sodass sich aus Blüten Früchte mit Samen entwickeln können. Wenn Pflanzen und Tiere sterben, werden ihre Überreste zu Bestandteilen des Bodens, der neue Pflanzen ernährt.

Die Kreisläufe des Lebens erscheinen uns endlos, weil Entstehen, Wachstum und Vergehen ein Gleichgewicht zu bilden scheinen. Aber wenn sich in der Natur etwas verändert oder der Mensch eine Veränderung verursacht, kann ein Kreislauf zerstört werden. Tier- und Pflanzenarten sterben aus. Erst in Jahrmillionen der Evolution entwickeln sich wieder neue Arten.

Erde und Weltall

Die Erde verändert sich ständig. Gesteine verwittern und die Bruchstücke bilden wieder neue Gesteine. Das Wasser bewegt sich in einem riesigen Kreislauf. Im Weltall entstehen aus Staub und Gas Kometen und Sterne. Diese verglühen wieder zu Gas und Staub.

Das Universum ist 13,8 Milliarden Jahre alt. Die Kreisläufe der Lebewesen auf der Erde dauern nur winzige Bruchteile dieser Zeitspanne.

Sexuelle Fortpflanzung

Bei der sexuellen Fortpflanzung bilden ein Männchen und ein Weibchen Geschlechtszellen. Eine Eizelle des Weibchens verschmilzt mit einer Samenzelle des Männchens. Die befruchtete Eizelle entwickelt sich zu einem jungen Tier oder einer neuen Pflanze.

Samen bilden sich, wenn weibliche Eizellen einer Pflanze mit Pollen (männlichen Geschlechtszellen) befruchtet werden. Jeder Same enthält einen Pflanzenembryo.

Pilze, Moose und Farne pflanzen sich über Sporen fort. Sie sind viel kleiner und einfacher aufgebaut als Samen.

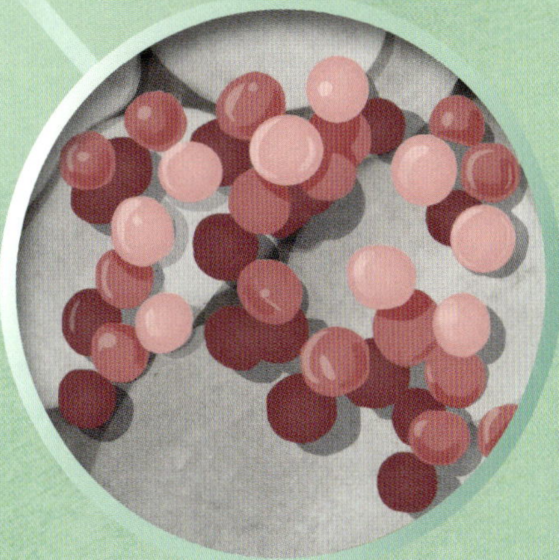

Die meisten Fische geben ihre Eier und Spermien in das Wasser ab, wo die Befruchtung stattfindet.

Bei Säugetieren entwickeln sich nach der Paarung im Körper des Weibchens Junge, die geboren werden.

Ungeschlechtliche Vermehrung

Manche Pflanzen und Tiere vermehren sich ungeschlechtlich. Die Jungen entwickeln sich aus unbefruchteten Eiern oder aus kleinen Teilen der Pflanze oder des Tiers.

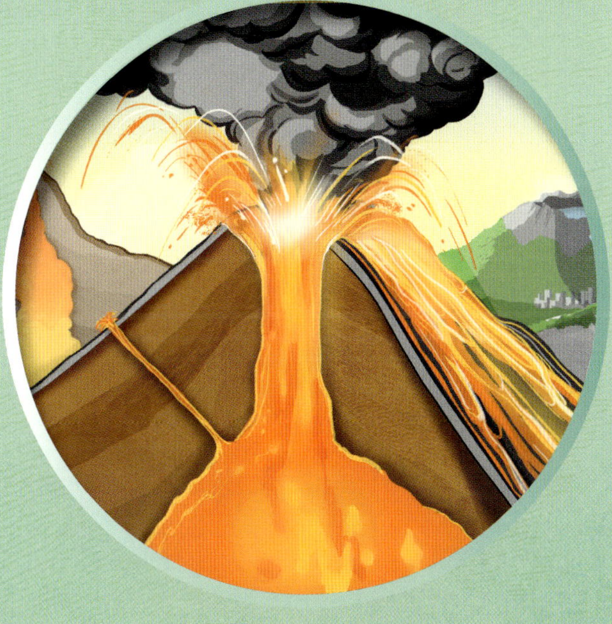

Neue Gesteine bilden sich tief in der Erdkruste oder wenn heiße Lava aus einem Vulkan abkühlt.

Aus den Blüten des Löwenzahns können sich ohne Bestäubung Früchte bilden, die Samen enthalten.

Weltall

Das Weltall ist unvorstellbar groß. Es gibt dort faszinierende Objekte wie Planeten, Monde, Galaxien und Schwarze Löcher. Das All verändert sich ständig: Sterne entstehen aus Staub- und Gaswolken, entwickeln sich und verglühen allmählich oder sterben in einer gewaltigen Explosion, die man Supernova nennt. Alles, was wir kennen, ist im All entstanden, auch die Bausteine deines Körpers.

Nach weniger als einer Sekunde bildeten sich Quarks.

Der Urknall

Vor mehr als 13 Mrd. Jahren begann das Universum als winziges Pünktchen, kleiner als ein Sandkorn. In einer gigantischen Explosion, dem Urknall, entstanden daraus Materie, Raum und Zeit. Das Universum dehnte sich in alle Richtungen aus und begann abzukühlen.

Zu diesem Zeitpunkt betrug die Temperatur des Universums mehr als 1 Mrd. °C.

Einige Minuten alt

Quarks, die Bestandteile der Materie, bildeten winzige Teilchen, die wir Protonen und Neutronen nennen. Das Universum war jetzt so weit abgekühlt, dass aus ihnen Atomkerne entstehen konnten.

Das Licht des frühen Universums existiert noch immer als sogenannte Hintergrundstrahlung.

380 000 Jahre alt

Schließlich war das Universum so kühl, dass die Atomkerne Elektronen einfingen. Atome bildeten sich. Das Universum dehnte sich als wirbelnde Gaswolke aus.

300 Mio. Jahre alt

Im Lauf der Zeit entstanden durch die Schwerkraft Kugeln aus Gas. Sie wurden im Innern unglaublich heiß und begannen zu leuchten: Die ersten Sterne waren geboren.

Mehr erfahren

Lies nach, wie die Sterne (S. 12–13), das Sonnensystem (S. 14–15) und der Mond (S. 16–17) entstanden sind.

Universum

Das Universum umfasst alles, was es gibt: die Galaxien, Sterne, Planeten und Monde sowie den Raum und die Zeit. Das Universum ist so erstaunlich und riesig, dass es schwer ist, es in allen Einzelheiten zu verstehen. Wir auf der Erde sind nur ein winziger Teil des Universums.

500 Mio. Jahre alt

Von der Schwerkraft zusammengehalten bildeten die Sterne die ersten Galaxien, die aus Milliarden Sternen bestehen. Die Milchstraße ist die Galaxie, in der sich unsere Erde befindet.

13,8 Mrd. Jahre

Noch immer dehnt sich das Universum aus. Es ist eine riesige Ansammlung von Galaxien, Gas und sonderbaren Dingen, die wir noch nicht verstanden haben.

Georges Lemaître Der belgische Astronom war 1927 der Erste, der vermutete, dass das Universum mit einem Urknall begann. Damals glaubten ihm nur wenige Wissenschaftler.

Das Hubble-Weltraumteleskop

Dieses Teleskop nahm viele Bilder des Alls auf. In einem nur kleinen Himmelsbereich entdeckten Astronomen 10 000 weit entfernte Galaxien, von denen jede aus Milliarden Sternen besteht.

Was passiert in Zukunft?

Niemand weiß es. Die Forscher haben aber herausgefunden, dass sich das Universum weiter ausdehnen wird. Dabei wird es kälter und dunkler werden.

Die Geburt

Der Kreislauf eines Sterns dauert Milliarden Jahre. Alle Sterne werden aus riesigen Gas- und Staubwolken geboren, die man Nebel nennt. Die Schwerkraft zieht Gas und Staub zusammen, sodass sich heiße, wirbelnde Schwaden bilden.

Jung und hell

Im Lauf der Zeit verdichten sich die Schwaden zu Kugeln und werden im Innern so heiß, dass Kernreaktionen ablaufen. Sie verwandeln sich zu unglaublich heißen, leuchtenden Sternen. Einen jungen Stern nennt man Protostern, das bedeutet „früher Stern“.

Der Tod

Der planetarische Nebel verteilt sich im Weltall. Irgendwann bilden sich aus ihm neue Sterne. Nun ist vom Stern nur noch ein glühender Kern übrig, den man Weißen Zwerg nennt. Er wird immer kleiner und kühlt zum Schwarzen Zwerg ab.

Stern

Ähnlich wie Tiere werden auch Sterne geboren, wachsen heran und entwickeln sich. Schließlich sterben sie. Je nach Art und Größe geschieht das auf unterschiedliche Weise. Größere Sterne leuchten heller, aber sie leben viel kürzer als kleine. Dies hier ist der Lebenskreislauf eines mittelgroßen Sterns.

Die Sonne Die Sonne ist ein mittelgroßer Stern. Ihr Lebenskreislauf läuft so ab wie der des hier dargestellten Sterns. Sie entstand vor etwa 4,6 Mrd. Jahren und ist jetzt im mittleren Alter. In ungefähr 5 Mrd. Jahren wird sie sterben.

Schwarzer Zwerg Sterne sterben auf unterschiedliche Weise. Mittelgroße Sterne werden zu Schwarzen Zwergen. Größere kollabieren und verwandeln sich in Schwarze Löcher. Hier ist die Schwerkraft so stark, dass nicht einmal Licht entkommen kann.

Das mittlere Alter

Allmählich wird der Stern immer heißer und er leuchtet heller. Dabei entzünden sich die Gase, wie z. B. Wasserstoff, und verbrennen. Der Stern verbringt einen großen Teil seines Lebens in diesem Stadium.

Der Stern wird riesig

Nach Milliarden Jahren ist der Wasserstoff im Kern verbraucht. Der Stern bläht sich zu gewaltiger Größe auf und die Temperatur im äußeren Bereich sinkt. Nun leuchtet er rot. Man bezeichnet ihn als Roten Riesen.

Das Sterben

Wenn der Brennstoff verbraucht ist, fallen die äußeren Schichten des Roten Riesen ab. Diese leuchtende Wolke nennt man auch einen planetarischen Nebel.

Mehr erfahren

Informiere dich, wie das Universum (S. 10–11), die Planeten und die Sonne (S. 14–15) entstanden sind.

Farbe und Temperatur Die Farbe eines Sterns hängt von seiner Oberflächentemperatur ab. Die heißesten Sterne leuchten blau. Kühlere strahlen ein orangerotes Licht ab. Wenn du den Himmel in einer klaren Nacht durch ein Fernglas betrachtest, kannst du die verschiedenfarbigen Sterne sehen.

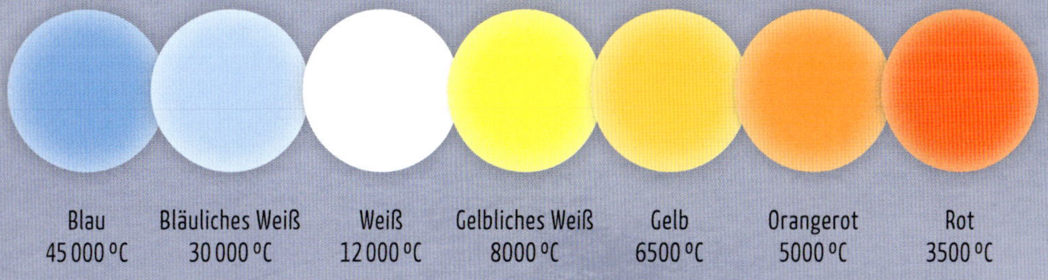

Geburt der Sonne

Als die Wolke wegen der Schwerkraft kollabierte, erhitzte sich das Zentrum. Schließlich wurde es so heiß, dass Wasserstoffatome zu Helium verschmolzen. Das bezeichnet man als Kernfusion. Dabei wurde eine gewaltige Menge Energie frei, und ein heißer, leuchtender Stern war geboren: die Sonne.

Einige der leichtesten Gase bewegten sich zum kalten äußeren Rand der Scheibe.

Die Planeten entstehen

Aus dem Material der Wolke bildeten sich allmählich die Planeten. In der Nähe der Sonne zog die Schwerkraft Staub zu Gesteinsplaneten zusammen. In weiterer Entfernung, wo es kühler war, bildeten Gase riesige Planeten, die man als Gasriesen bezeichnet.

Außerhalb der Umlaufbahn des Neptun bildeten die gefrorenen Gase Kometen.

Unser Sonnensystem

Es dauerte viele Millionen Jahre, bis unser Sonnensystem mit den Planeten entstanden war. Merkur, Venus, Erde und Mars sind Gesteinsplaneten. Jupiter, Saturn, Uranus und Neptun sind Gasplaneten oder planetare Gasriesen. Zwischen Mars und Jupiter befindet sich der Asteroidengürtel.

Mehr erfahren

Finde mehr über unser Universum (S. 10–11) und die Entstehung der Sterne (S. 12–13) heraus.

Am Anfang war Staub

Vor etwa 4,6 Milliarden Jahren kollabierte eine Wolke aus Staub und Gas. Dabei begann sie zu rotieren und es bildete sich eine dichte Scheibe.

Das Sonnensystem

Die Erde, auf der wir leben, gehört zu unserem Sonnensystem, das aus Planeten, Monden, Asteroiden und Kometen besteht. Wegen der Schwerkraft der Sonne kreisen alle Himmelskörper auf Umlaufbahnen um diesen Stern, der die Zukunft des Sonnensystems bestimmt.

Was wird in Zukunft sein?

Im Moment ist unser Sonnensystem recht stabil. Aber in etwa 5 Mrd. Jahren wird der Wasserstoff der Sonne verbraucht sein. Dann verbrennt Helium. Wenn das passiert, wird sich die Sonne aufblähen und abkühlen. Sie verwandelt sich in einen Roten Riesen. In ihrem letzten Stadium wird sie Merkur, Venus und vielleicht auch die Erde verschlingen.

Habitable Zone In dieser Region unseres Sonnensystems gibt es flüssiges Wasser. Hier kann Leben existieren. Die Bedingungen sind dafür perfekt, denn die Sonne ist weder zu nah noch zu weit entfernt.

Wenn sich die Sonne ausdehnt, wird sich diese Zone von der Erde entfernen. Dann werden sich einige der Gasriesen in dieser Zone befinden.

Zusammenstoß im All

Beim Zusammenstoß mit der Erde wurde Theia zerstört. Riesige Mengen Materie von beiden Planeten wurden ins All geschleudert. Und Gestein von Theia verschmolz mit der Erde.

Der Mond entsteht

Die Schwerkraft ballte die Materie, die beim Zusammenstoß in die Umlaufbahn der Erde geschleudert wurde, zusammen und formte den Mond, eine Kugel aus Gesteinsschmelze, etwa ein Viertel so groß wie die Erde.

Der Mond

Der Mond, der ständige Begleiter der Erde, entstand wahrscheinlich vor 4,5 Milliarden Jahren. Die junge Erde war eine Kugel aus geschmolzenem Gestein und Metall. Ein kleiner Planet namens Theia, so groß wie der Mars, stieß mit der Erde zusammen, und der Mond wurde geboren.

Mehr erfahren
Lies mehr über das Sonnensystem (S. 14–15) und über Kometen (S. 18–19).

Meere auf dem Mond? Die der Erde zugewandte Seite des Monds ist mit dunklen Flecken übersät. Frühe Astronomen hielten sie für Meere. Die Bereiche entstanden vor etwa 1 Mrd. Jahren, als geschmolzenes Gestein (Magma) an die Oberfläche aufstieg und abkühlte.

Sonnenfinsternis
Manchmal stehen Sonne, Mond und Erde genau in einer Reihe. Wenn sich der Mond zwischen Sonne und Erde befindet, verdeckt er die Sonne und wir erleben eine Sonnenfinsternis.

Asteroiden und Kometen

Als der Mond abkühlte, bildete sich eine Kruste aus festem Gestein. In den nächsten 500 Mio. Jahren schlugen kleine Himmelskörper aus Stein und Eis, die man als Asteroiden und Kometen bezeichnet, auf der Erde und dem Mond ein.

Der Mond bewegt sich jedes Jahr 4 Zentimeter weiter von der Erde weg.

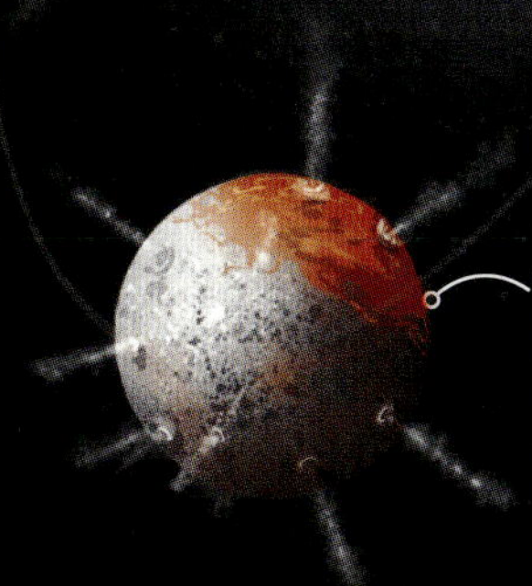

Bis vor etwa einer Milliarde Jahren gab es auf der Seite des Mondes, die der Erde zugewandt ist, aktive Vulkane.

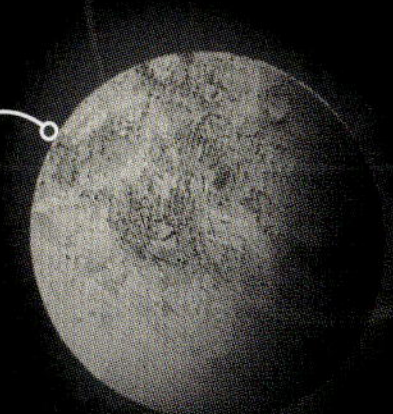

Wir sehen immer die gleiche Seite des Mondes.

Der Mond heute

Im Lauf der Zeit kühlte der Mond ab. Die Gesteinsschmelze wurde fest. Der Mond, den wir heute sehen, ist staubtrocken und besitzt keine Atmosphäre. Seine Oberfläche ist übersät mit Kratern von Meteoriteneinschlägen. Heute umrundet der Mond die Erde in 27,3 Tagen.

Gezeiten Der Mond beeinflusst die Gezeiten der Meere. Seine Schwerkraft bewirkt, dass das Wasser zum Mond hingezogen wird. Während der Mond die Erde umkreist, wandert dieser Wasserberg mit. Deshalb steigt der Meeresspiegel (Flut) und sinkt dann wieder (Ebbe). Diese Bewegungen nennt man Gezeiten.

Einschlagkrater In der Vergangenheit schlugen Meteoriten und Kometen mit enormer Wucht auf der Erde ein. Große Krater entstanden, wie dieser in Arizona (USA). Wahrscheinlich hat ein Meteoriteneinschlag auch die Dinosaurier ausgelöscht.

Doppelter Schweif Ein Komet besitzt zwei Schweife: einen bläulichen Gasschweif und einen weißen Staubschweif. Beide zeigen immer von der Sonne weg.

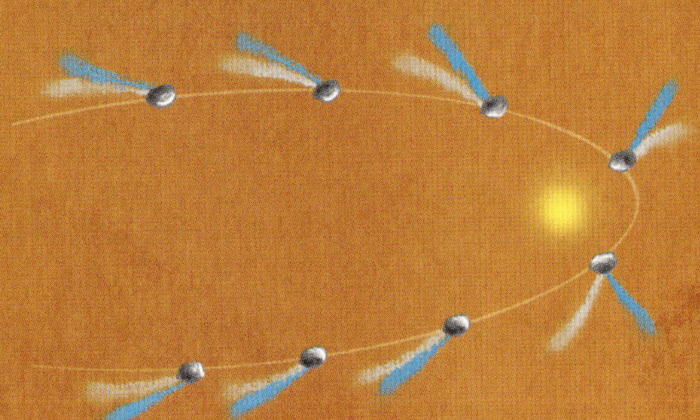

Rosetta Die europäische Raumsonde *Rosetta* erreichte den Kometen 67-P im Jahr 2014. Die Sonde setzte den Lander *Philae* ab. Er war das erste Objekt, das je auf einem Kometen gelandet ist und lieferte Forschern viele Informationen.

Komet

Kometen bestehen aus Materie wie Staub und Eis und sind Überreste der Entstehung des Sonnensystems. Einige sind so weit von der Sonne entfernt, dass wir sie nicht einmal mit Teleskopen sehen können. Viele andere dagegen kann man am Nachthimmel beobachten.

Stein und Eis

Weit von der Sonne entfernt ist es so kalt, dass Wasser und Gase gefrieren und sich an der Oberfläche von Staub und lockerem Gestein ablagern. All das wird von der Schwerkraft zusammengeballt, sodass sich eisige Brocken bilden. Wenn sich viele von ihnen verbinden, entsteht ein riesiger Komet.

Manchmal ist dem Kometen ein Planet im Weg. Der Komet explodiert in der Atmosphäre des Planeten oder schlägt auf der Oberfläche ein.

Der Komet verpufft

Wenn der Komet der Sonne zu nahe kommt, erhitzt er sich und die gefrorenen Gase und das Eis werden gasförmig. Diesen Vorgang nennt man Sublimation.

Rückkehr

Wenn er nicht verpufft oder auf einem Planeten einschlägt, reist der Komet zurück zum Kuipergürtel. Er wird immer langsamer, bis die Schwerkraft ihn auf seiner elliptischen Umlaufbahn wieder zur Sonne zieht. Es kann 200 Jahre dauern, bis ein Komet die Sonne einmal umrundet.

Die Strahlung der Sonne lässt den Schweif blau-weiß aufleuchten.

Das altgriechische Wort „Komet" bedeutet „Kopf mit langem Haar".

Rasender Komet

Ein Komet, der den Kuipergürtel verlässt, rast in Richtung Sonne. Während er ihr näher kommt, erwärmt er sich. Die gefrorenen Gase und das Eis werden wieder zu Gas und schaffen eine dünne Atmosphäre, die man Koma nennt. Sie wird vom Teilchenstrom der Sonne, dem Sonnenwind, weggeblasen. Auf diese Weise entsteht einer der beiden Schweife des Kometen.

Mehr erfahren

Finde noch mehr über das Sonnensystem heraus (S. 14–15).

Erde

Unser Heimatplanet, die Erde, verändert sich unentwegt. Flüsse und Gletscher gestalten die Landschaften. Unter der Erdkruste brodelt heißes, zähflüssiges Gestein. Im Lauf von Jahrmillionen öffnen sich neue Meere, und Kontinente prallen zusammen und formen die Erdoberfläche. Vulkane brechen aus und erlöschen wieder. Gebirge falten sich auf und werden von der Erosion allmählich wieder abgetragen.

Kontinente

Heute gibt es auf der Erde sieben Kontinente. Sie liegen auf riesigen tektonischen Platten, die ständig in Bewegung sind. Vor vielen Jahrmillionen gab es auf der Erde nur eine einzige gewaltige Landmasse. Im Lauf der Zeit brach dieser Superkontinent auseinander und die heutigen Kontinente entstanden.

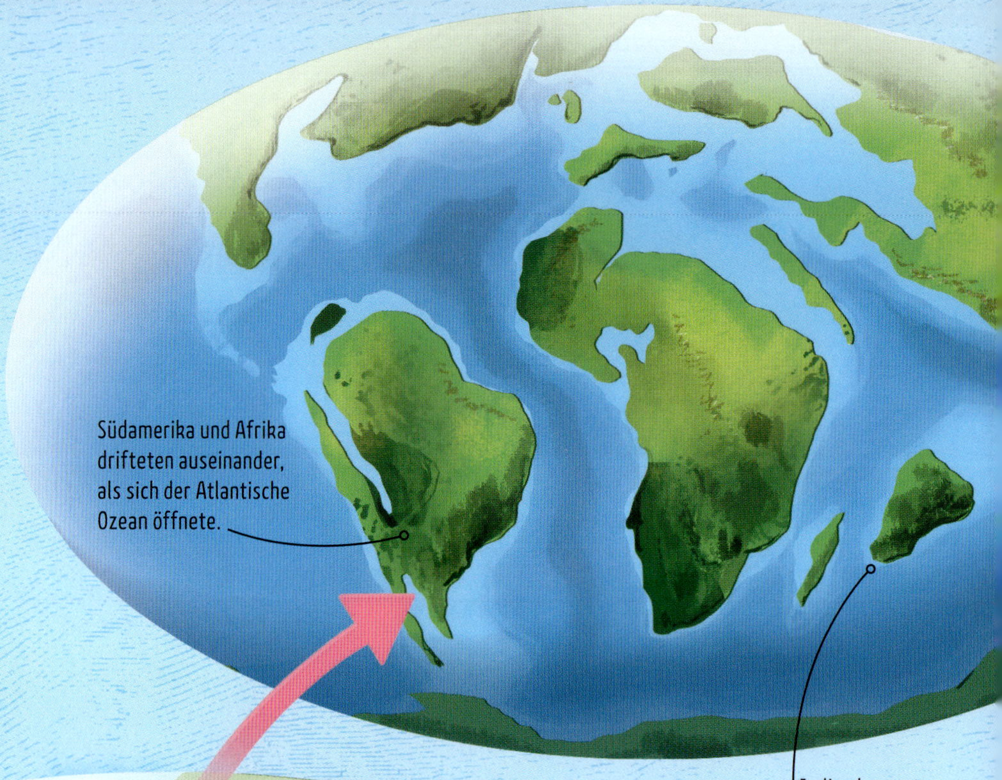

Superkontinent
Vor etwa 320 bis 200 Mio. Jahren gab es eine einzige Landmasse namens Pangäa. Dieser Superkontinent war von einem gewaltigen Ozean umgeben.

Fossilien Geologen haben in Afrika und Südamerika ähnliche versteinerte Pflanzen und Tiere gefunden. Daraus konnte man folgern, dass beide Kontinente in der Urzeit miteinander verbunden waren.

Rocky Mountains
Dieser Gebirgszug in Nordamerika wurde von der Pazifischen Platte gebildet, die sich unter die Nordamerikanische Platte schob.

Pangäa zerbricht

Vor etwa 175 Mio. Jahren stieg Magma auf, eine heiße Gesteinsschmelze. Pangäa zerbrach dadurch langsam in kleinere Kontinente.

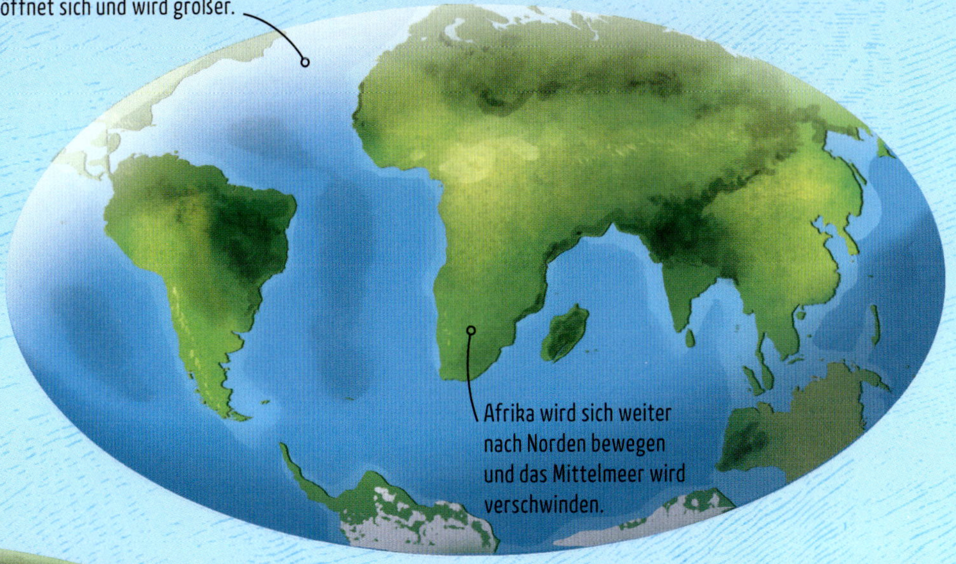

Und in der Zukunft?

Geologen erforschen die Bewegung der Erdplatten und können so vorhersagen, wo sich die Kontinente in 50 Mio. Jahren ungefähr befinden werden.

Mehr erfahren
Wenn zwei tektonische Platten zusammenstoßen, kann sich ein Gebirgszug auffalten (S. 28–29).

Der Atlantische Ozean wächst etwa so schnell wie ein Fingernagel.

Sieben Kontinente

Die Kontinente hatten schon vor etwa 20 Mio. Jahren ungefähr ihre heutigen Positionen erreicht. Doch sie bewegen sich langsam, aber beständig in verschiedene Richtungen weiter.

Mittelatlantischer Rücken

Er trennt die Eurasische Platte von der Nordamerikanischen Platte. Der größte Teil des Gebirges liegt unter dem Meeresspiegel, aber auf Island ist es sichtbar.

Erdbeben Zu solch heftigen Erschütterungen kann es kommen, wenn tektonische Platten zusammenstoßen oder aneinander vorbeigleiten. Dabei werden Gebäude zerstört und Menschen können ums Leben kommen.

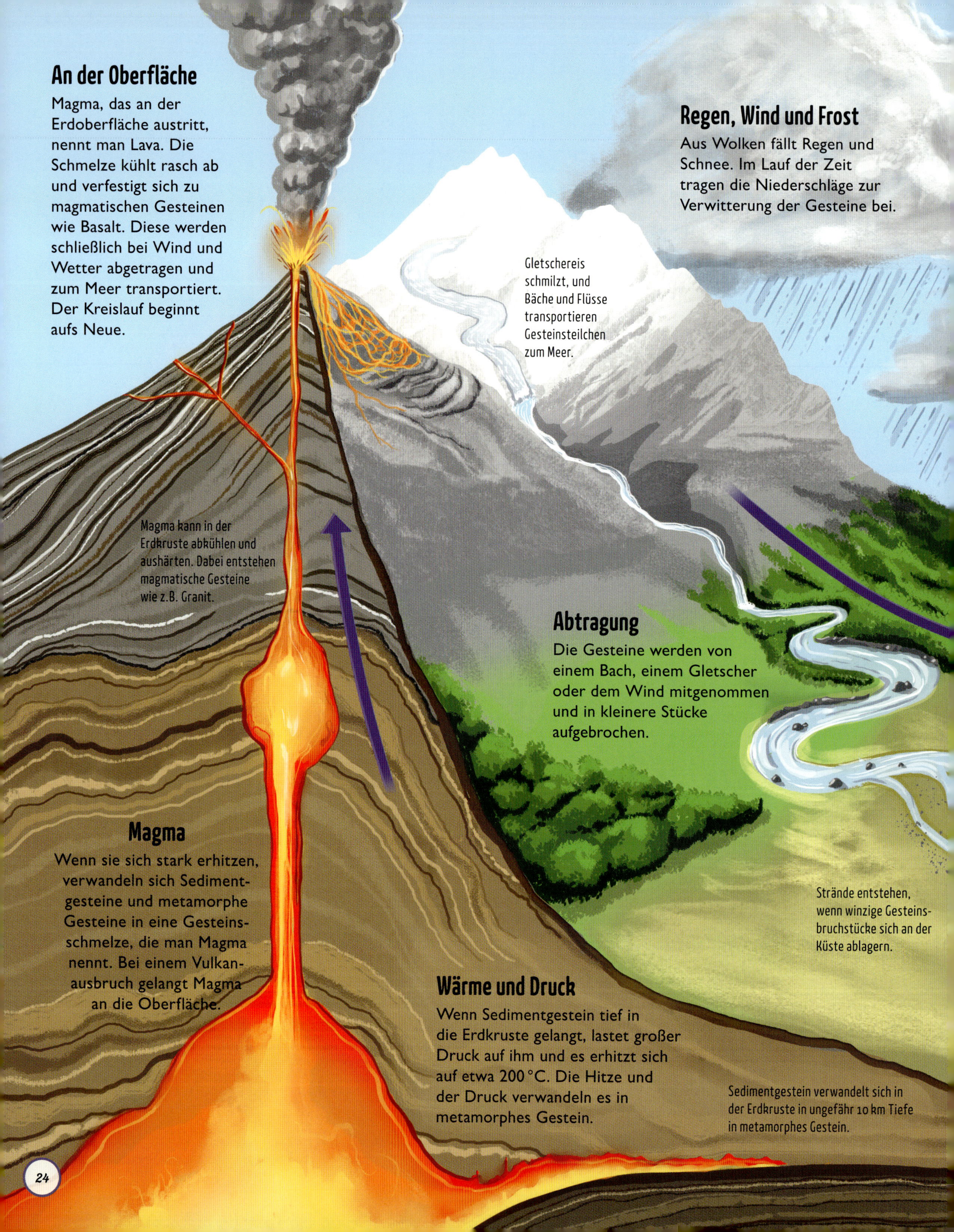

An der Oberfläche

Magma, das an der Erdoberfläche austritt, nennt man Lava. Die Schmelze kühlt rasch ab und verfestigt sich zu magmatischen Gesteinen wie Basalt. Diese werden schließlich bei Wind und Wetter abgetragen und zum Meer transportiert. Der Kreislauf beginnt aufs Neue.

Regen, Wind und Frost

Aus Wolken fällt Regen und Schnee. Im Lauf der Zeit tragen die Niederschläge zur Verwitterung der Gesteine bei.

Abtragung

Die Gesteine werden von einem Bach, einem Gletscher oder dem Wind mitgenommen und in kleinere Stücke aufgebrochen.

Magma

Wenn sie sich stark erhitzen, verwandeln sich Sedimentgesteine und metamorphe Gesteine in eine Gesteinsschmelze, die man Magma nennt. Bei einem Vulkanausbruch gelangt Magma an die Oberfläche.

Wärme und Druck

Wenn Sedimentgestein tief in die Erdkruste gelangt, lastet großer Druck auf ihm und es erhitzt sich auf etwa 200 °C. Die Hitze und der Druck verwandeln es in metamorphes Gestein.

Gesteine

Gesteine bestehen aus einem Mineral oder mehreren Mineralien. Auf uns machen sie nicht den Eindruck, als könnten sie sich sehr weit fortbewegen, aber dennoch tun sie genau das. Die Gesteine gelangen von der Erdoberfläche bis tief in die Erdkruste und wieder nach oben. Im Lauf von Jahrmillionen verändern sie sich immer wieder.

Am Strand

Im Lauf der Zeit lagern sich Sand, Schlamm oder größere Steine an der Küste ab. Von Flüssen werden sie ins Meer transportiert und sinken auf den Grund. Ein Teil bleibt an Land und verfestigt sich zu Gesteinen.

Mehr erfahren
Lies über die Gesteine der Kontinente (S. 22–23) und der Vulkane (S. 30–31) nach.

Im Meer

Winzige Gesteinsbruchstücke liegen am Meeresgrund übereinander und verkleben miteinander. Allmählich bilden sich Sedimentgesteine.

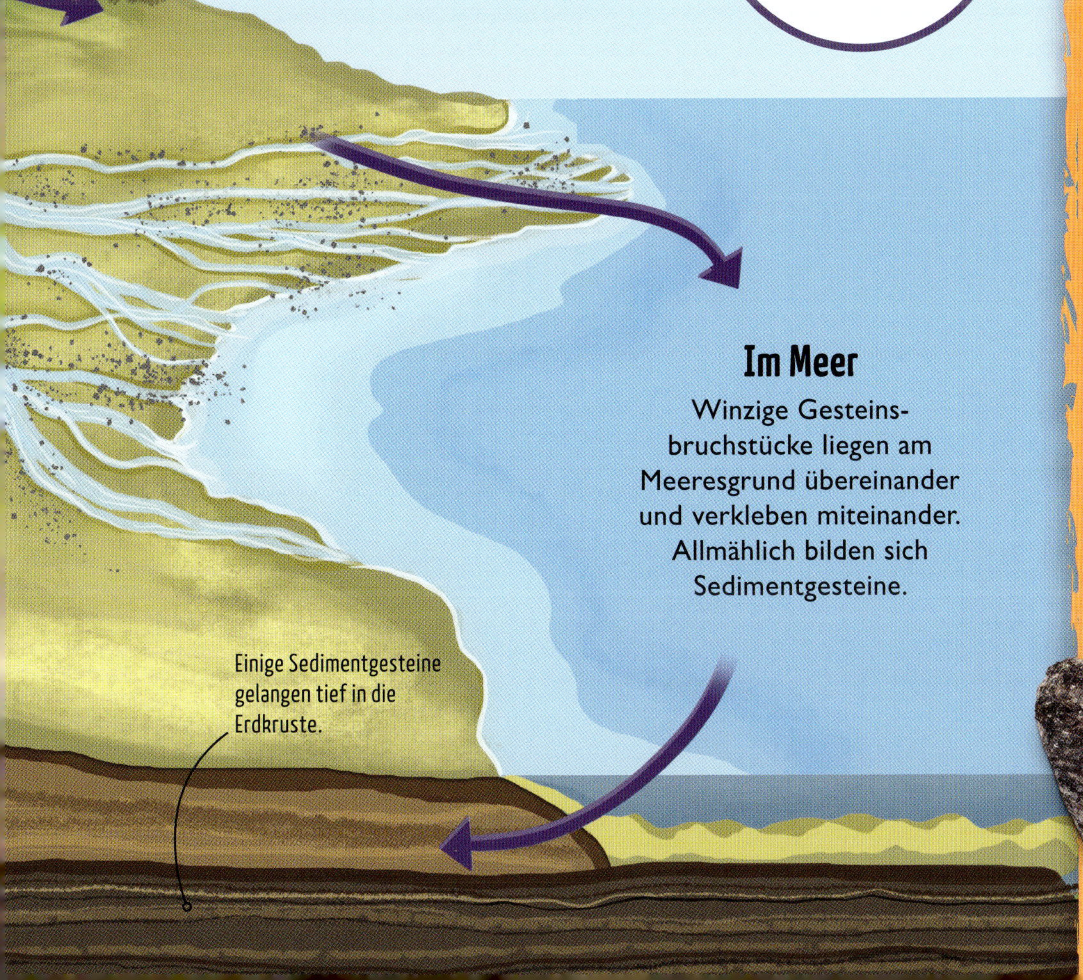

Sedimentgestein Die Schichten der Sedimentgesteine im Badlands-Nationalpark in South Dakota (USA) besitzen verschiedene Farben.

Magmatisches Gestein Obsidian ist ein magmatisches Gestein. Es hat sich gebildet, als Lava an der Erdoberfläche rasch abkühlte. Bruchstücke des Obsidian sind sehr scharfkantig.

Metamorphes Gestein Dieser Schiefer ist ein metamorphes Gestein, das sich aus Schluff- und Schlammstein gebildet hat. An der Bänderung kann man erkennen, dass die Schichten verfaltet wurden.

Fossilien

Fossilien sind die versteinerten Überreste urzeitlicher Tiere und Pflanzen. Man erforscht sie, um zu verstehen, wie sich Lebewesen im Lauf der Evolution entwickelt haben. Fossilien sind selten, denn sie bilden sich nur unter bestimmten Bedingungen.

Tod und Verschüttung

Ein Fossil kann sich nur bilden, wenn ein totes Tier oder eine Pflanze schnell verschüttet wird, denn dadurch wird der Zerfall gestoppt. Viele Fossilien sind im und am Wasser versteinert, wo sie rasch mit Schlamm oder Sand bedeckt wurden.

Dieser *Stegosaurus* wurde wahrscheinlich durch eine plötzliche Überschwemmung ins Wasser gespült.

Gesteinsschichten

Winzige Gesteinsbruchstücke, die man Sedimente nennt, lagern sich über dem toten Tier ab. Im Lauf der Zeit verdichten sich die Schichten, bis sie sich in festes Gestein verwandelt haben.

Manchmal wird das Fossil durch die Last der Sedimente platt gedrückt.

Im Museum Manche Fossilien werden im Museum ausgestellt, aber viele bekommen nur Wissenschaftler zu Gesicht. Sie werden Paläontologen genannt und erforschen das Leben der Urzeit.

Koprolith Als Koprolith bezeichnet man versteinerten Kot. Der größte Koprolith, den man je gefunden hat, stammt wahrscheinlich von *Tyrannosaurus Rex* und ist über 1 m lang. Zum Glück stinkt er nicht mehr!

Verwandlung in Stein

Im Lauf der Zeit werden die Mineralien in den Überresten des Tiers vollständig oder teilweise durch Gesteinsmineralien ersetzt. Ein Fossil hat sich gebildet.

Freilegung

Paläontologen benutzen Hammer und Meißel sowie Zahnarztgeräte und Pinsel, um Fossilien freizulegen und zu reinigen.

Mehr erfahren
Finde mehr über den Kreislauf der Gesteine (S. 24–25) und über die Dinosaurier (S. 96–101) heraus.

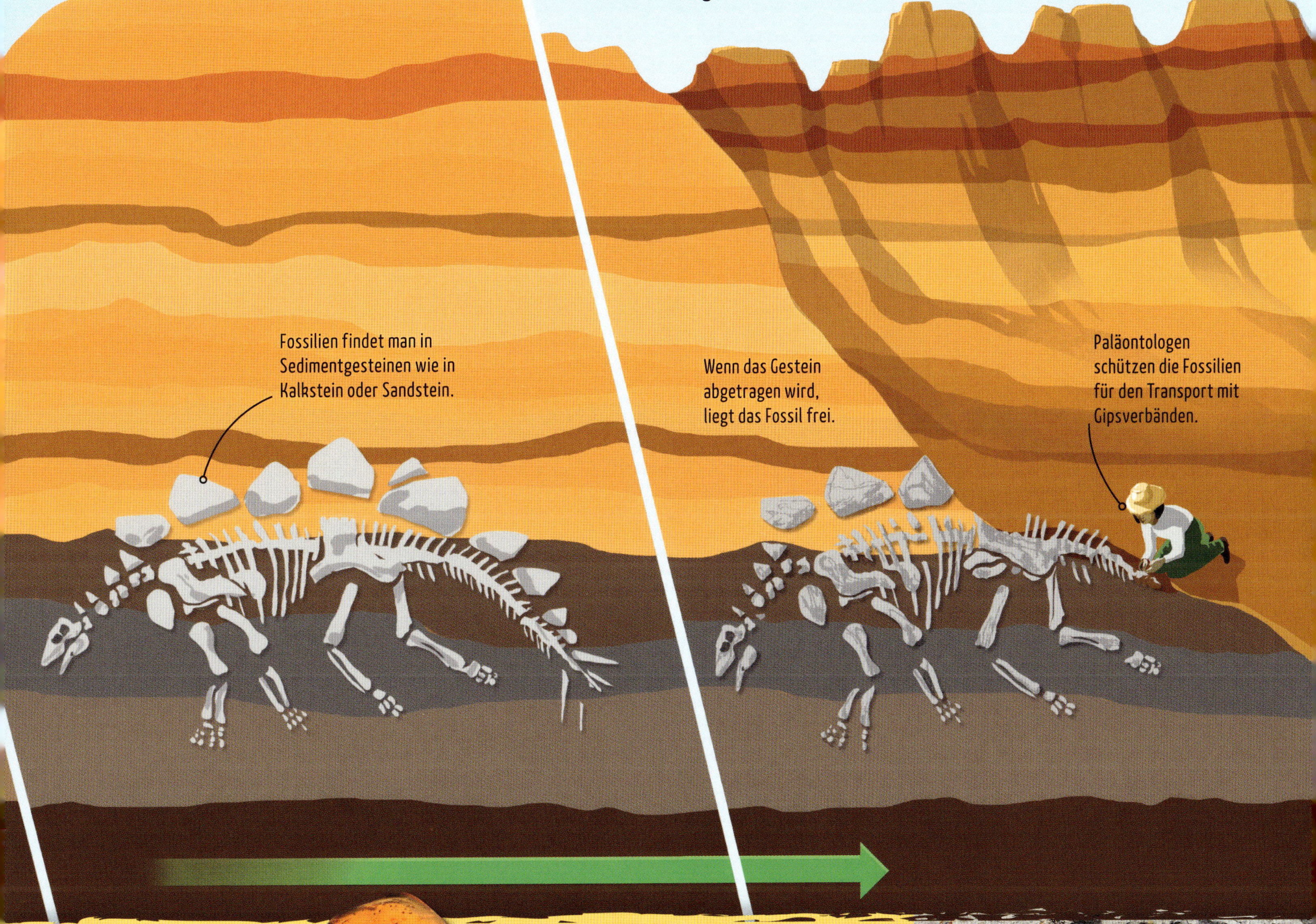

Bernstein Diese Fossilien haben sich aus dem Harz von Bäumen gebildet. Manchmal blieben urzeitliche Insekten und andere kleine Tiere daran kleben. Sie sind im harten Bernstein perfekt erhalten.

Spurenfossilien Als Spurenfossilien bezeichnet man Fußspuren und Baue von Tieren sowie Koprolithen. Sie erzählen uns oft mehr über das Leben und Verhalten eines Tiers als versteinerte Knochen oder Schalen.

Gebirge

Gebirge gibt es auf allen Kontinenten und am Grund aller Meere. Gebirgszüge werden aufgefaltet, wenn zwei tektonische Platten zusammenstoßen oder wenn eine Platte sich unter eine andere schiebt. Gebirge bestehen nicht ewig. Man kann es sich zwar kaum vorstellen, aber Berge verschwinden ständig.

Auffaltung

Junge Gebirge werden höher, solange sich tektonische Platten aufeinander zubewegen. Die Indische Platte bewegt sich noch immer etwa 5 cm im Jahr in Richtung der Eurasischen Platte. Deshalb wird der Himalaja an der Plattengrenze immer höher.

Ein Gebirge entsteht

Tektonische Platten, die langsam über die Erdoberfläche driften, stoßen manchmal zusammen. Wenn das passiert, werden Gebirge aufgefaltet, wie der Himalaja in Asien.

Abtragung

Von dem Augenblick an, in dem sich ein Gebirgszug erhebt, wird er auch schon wieder abgetragen. Regen, Eis und Wind brechen das Gestein auf und Bäche transportieren die Bruchstücke hangabwärts.

Mehr erfahren
Lies Spannendes über die Kontinente (S. 22–23) und Flüsse (S. 36–37).

Flüsse tragen dazu bei, dass das Gestein der Berge allmählich abgetragen wird.

Eine Ebene bildet sich

Im Lauf der Zeit verschwinden Gebirge wieder. Regen, Eis, Flüsse und Wind tragen das Gestein ab und transportieren es ins Meer. Die Erosion macht Gebirge allmählich zu Ebenen.

Der Mount Everest ist der höchste Berg der Erde. Er ist 8848 Meter hoch.

Die Anden Nicht alle Gebirge entstehen durch den Zusammenstoß zweier tektonischer Platten. Auch wenn eine Platte unter eine andere abtaucht, wird die Erdkruste aufgefaltet. So sind z. B. die Anden in Südamerika entstanden.

Gipfel im All Gebirge findet man nicht nur auf der Erde, sondern auch auf dem Mond und auf anderen Planeten. Ein Berg namens Maxwell Montes auf dem Planeten Venus ist etwa 11 km hoch.

Fossilien im Gestein Viele Berggipfel bestehen aus Gestein, das sich in einem urzeitlichen Ozean gebildet hat. In den Gesteinen sind Fossilien von Meerestieren eingeschlossen, wie die Gehäuse von Ammoniten.

Vulkan

Manche Vulkane sehen aus wie spitze Kegel, andere sind flacher. Ein Ausbruch kann spektakulär sein, aber manchmal quillt die Lava auch nur langsam aus Spalten. Aktive Vulkane brechen immer wieder aus, man kann jedoch nur schwer vorhersagen, wann genau es passiert. Es gibt auf der Erde etwa 1500 aktive Vulkane.

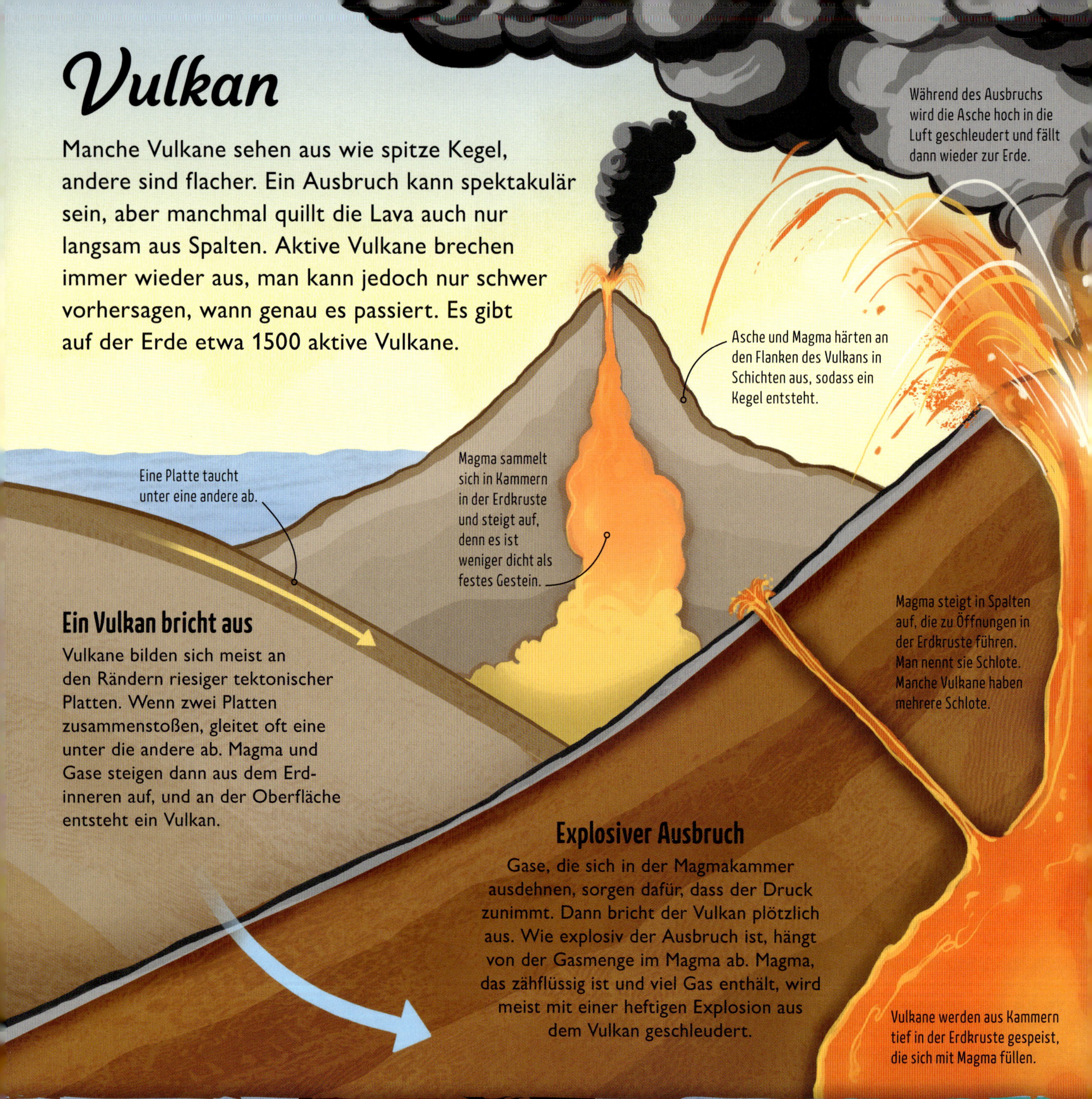

Ein Vulkan bricht aus

Vulkane bilden sich meist an den Rändern riesiger tektonischer Platten. Wenn zwei Platten zusammenstoßen, gleitet oft eine unter die andere ab. Magma und Gase steigen dann aus dem Erdinneren auf, und an der Oberfläche entsteht ein Vulkan.

Explosiver Ausbruch

Gase, die sich in der Magmakammer ausdehnen, sorgen dafür, dass der Druck zunimmt. Dann bricht der Vulkan plötzlich aus. Wie explosiv der Ausbruch ist, hängt von der Gasmenge im Magma ab. Magma, das zähflüssig ist und viel Gas enthält, wird meist mit einer heftigen Explosion aus dem Vulkan geschleudert.

Glühende Lava Auf Hawaii (USA) kann Lava, die aus Vulkanen fließt, 1175 °C heiß sein und 30 km/h schnell fließen. Diese Lava ist leuchtend rot.

Kissenlava Heiße Lava tritt aus Spalten im Meeresboden aus und verfestigt sich rasch zu rundlichen Gebilden. Man nennt solche Strukturen Kissenlava.

Erloschener Vulkan

Irgendwann ist die Magmakammer unter der Oberfläche leer. Der Vulkan bricht nun nicht mehr aus und ist erloschen. Er wird allmählich abgetragen wie jeder andere Berg.

Ruhende Vulkane

Wenn ein Vulkan jahrzehntelang nicht mehr ausgebrochen ist, er in der Zukunft jedoch noch gefährlich werden kann, bezeichnet man ihn als ruhenden Vulkan. Manche Vulkane ruhen jahrhundertelang.

Mehr erfahren
Informiere dich, wie sich Kontinente (S. 22–23) und Gebirge (S. 28–29) verändern.

Giant's Causeway Wenn Lava abkühlt, können geometrische Formen entstehen, wie z. B. sechseckige Säulen. Ein spektakuläres Beispiel dafür ist der Giant´s Causeway in Nordirland.

Pompeji 79 n. Chr. brach in Italien der Vesuv aus und vernichtete die Stadt Pompeji. In der hart gewordenen vulkanischen Asche haben sich die Formen von Menschen erhalten, die damals ums Leben kamen.

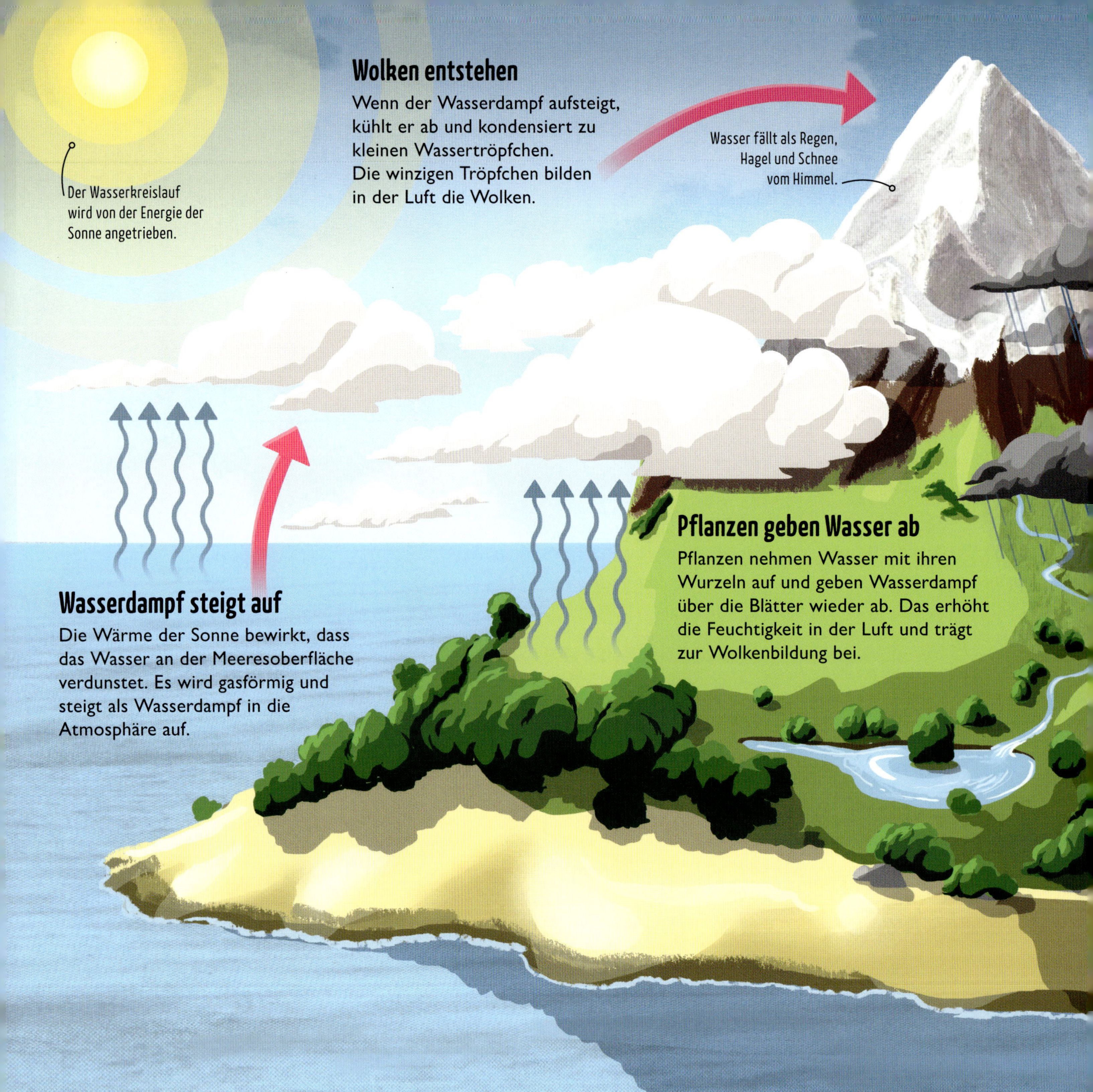

Wasser

Die Gesamtmenge des Wassers auf der Erde bleibt immer gleich. Es befindet sich in einem ewigen Kreislauf vom Meer in die Luft, über das Festland und schließlich wieder ins Meer zurück. Man bezeichnet das als den Kreislauf des Wassers.

Mehr erfahren
Informiere dich, wie Flüsse (S. 36–37) und Eisberge (S. 38–39) entstehen.

Der Wasserdampf, der aus dem Meer aufsteigt, ist nicht salzhaltig.

Es regnet oder schneit Viele winzige Tröpfchen in den Wolken vereinigen sich zu Regentropfen. Wenn es kalt ist, bilden sich Schneekristalle.

Das Wasser fließt abwärts Das Wasser des Regens oder von geschmolzenem Schnee, das nicht gleich im Boden versickert, fließt oberirdisch hangabwärts und sammelt sich in Bächen und Flüssen. Ein Teil dringt in den Boden ein oder verdunstet, aber das meiste Wasser fließt zurück ins Meer.

Nebel Wolken bilden sich nicht nur am Himmel, sondern auch wenn warme, feuchte Luft über dem Erdboden oder dem Meer abkühlt. Man bezeichnet sie dann als Nebel.

Salzpfannen Aus dem Meerwasser lässt sich das Salz gewinnen. Dazu werden flache Becken am Strand angelegt und mit Wasser gefüllt. Wenn es verdunstet, bleibt das Salz zurück. Die Becken nennt man Salzpfannen.

Trockenheit Es gibt Regionen wie die Wüsten, in denen nur wenig Regen fällt. Die trockenste Gegend der Erde sind die McMurdo-Trockentäler auf Antarktika. In einigen hat es seit fast 2 Mio. Jahren nicht mehr geregnet.

Der Sturm bahnt sich an

Die meisten Tornados entwickeln sich während Gewittern. Warme, feuchte Luft steigt vom Boden auf und trifft auf kühle, trockene Luft, die sich in den Gewitterwolken dreht. Eine rotierende Luftsäule entsteht und bewegt sich auf den Erdboden zu.

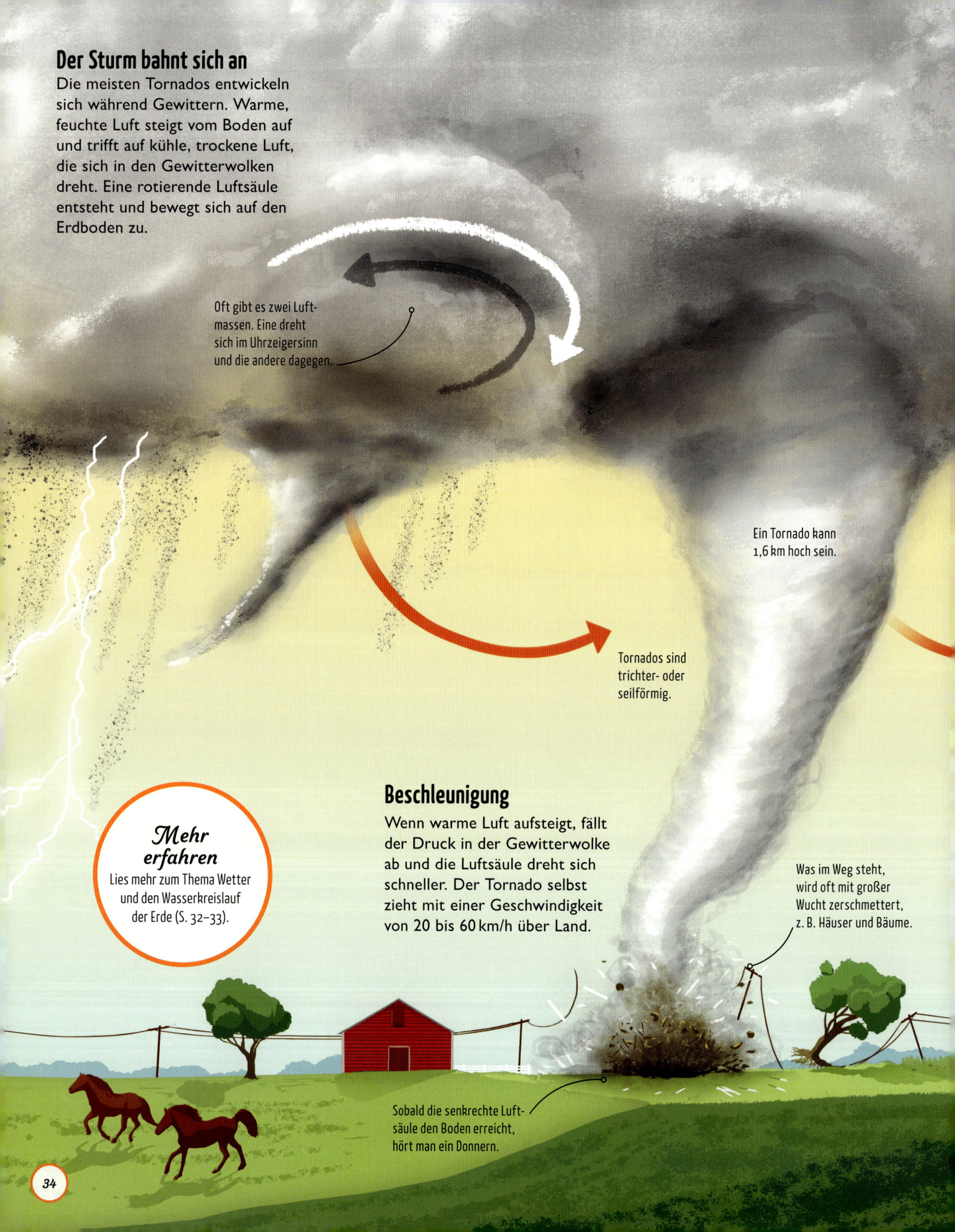

Beschleunigung

Wenn warme Luft aufsteigt, fällt der Druck in der Gewitterwolke ab und die Luftsäule dreht sich schneller. Der Tornado selbst zieht mit einer Geschwindigkeit von 20 bis 60 km/h über Land.

Mehr erfahren

Lies mehr zum Thema Wetter und den Wasserkreislauf der Erde (S. 32–33).

Tornado

Tornados sind kleine, aber unglaublich kraftvolle Wirbelstürme. Eine rotierende Luftsäule erstreckt sich aus einer Wolke bis zum Erdboden und saugt alles ein, was ihr im Weg ist. Sie hinterlässt eine Spur der Verwüstung.

Rätselhaftes Ende

Die Richtung, in die sich ein Tornado vorwärtsbewegt, ist schwer vorherzusagen. Die meisten Tornados verschwinden nach einigen Minuten, aber manche wüten mehr als eine Stunde lang, bis keine neue Luft mehr nachkommt. Es ist noch nicht genau geklärt, wie der Lebenszyklus eines Tornados endet.

Tornados drehen sich mit bis zu 490 Stundenkilometern. Höhere Windgeschwindigkeiten misst man auf der Erde kaum.

Menschen und Tiere sind in einem stabil gebauten Haus oder einem Sturmkeller gut geschützt.

Gewitter Tornados bilden sich aus Gewitterwolken, die man auch Cumulonimbus-Wolken nennt. Sie ragen hoch in den Himmel auf und in ihrem Inneren entstehen Regen, Hagel und Blitze.

Sandhosen Diese Wirbel aus Sand und Staub entwickeln sich aus Wüstenwinden. Sie sind weniger kraftvoll als Tornados, können aber trotzdem gefährlich sein.

Hurrikane Solche gewaltigen Wirbelstürme bilden sich über warmen Ozeanen. In ihrem Zentrum, dem „Auge des Sturms“, ist es windstill.

Fluss

Wenn Wasser vom Gebirge oder Hügelland an der Erdoberfläche hangabwärts bis zum Meer fließt, bildet es einen Bach, der schließlich zum Fluss wird. Das Wasser trägt die Gesteine ab und lagert Sedimente an. Auf diese Weise formen Flüsse die Landschaft.

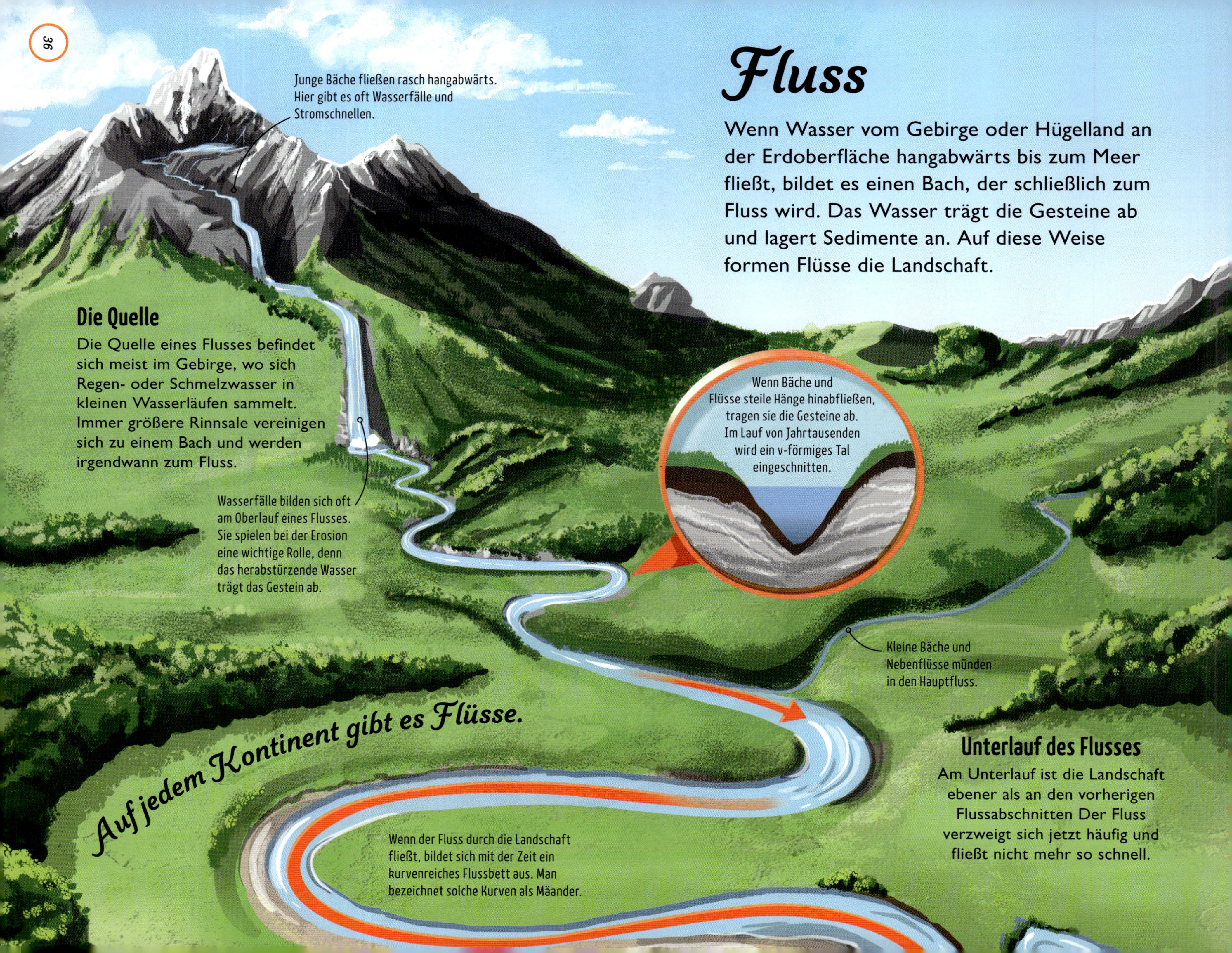

Die Quelle

Die Quelle eines Flusses befindet sich meist im Gebirge, wo sich Regen- oder Schmelzwasser in kleinen Wasserläufen sammelt. Immer größere Rinnsale vereinigen sich zu einem Bach und werden irgendwann zum Fluss.

Auf jedem Kontinent gibt es Flüsse.

Unterlauf des Flusses

Am Unterlauf ist die Landschaft ebener als an den vorherigen Flussabschnitten Der Fluss verzweigt sich jetzt häufig und fließt nicht mehr so schnell.

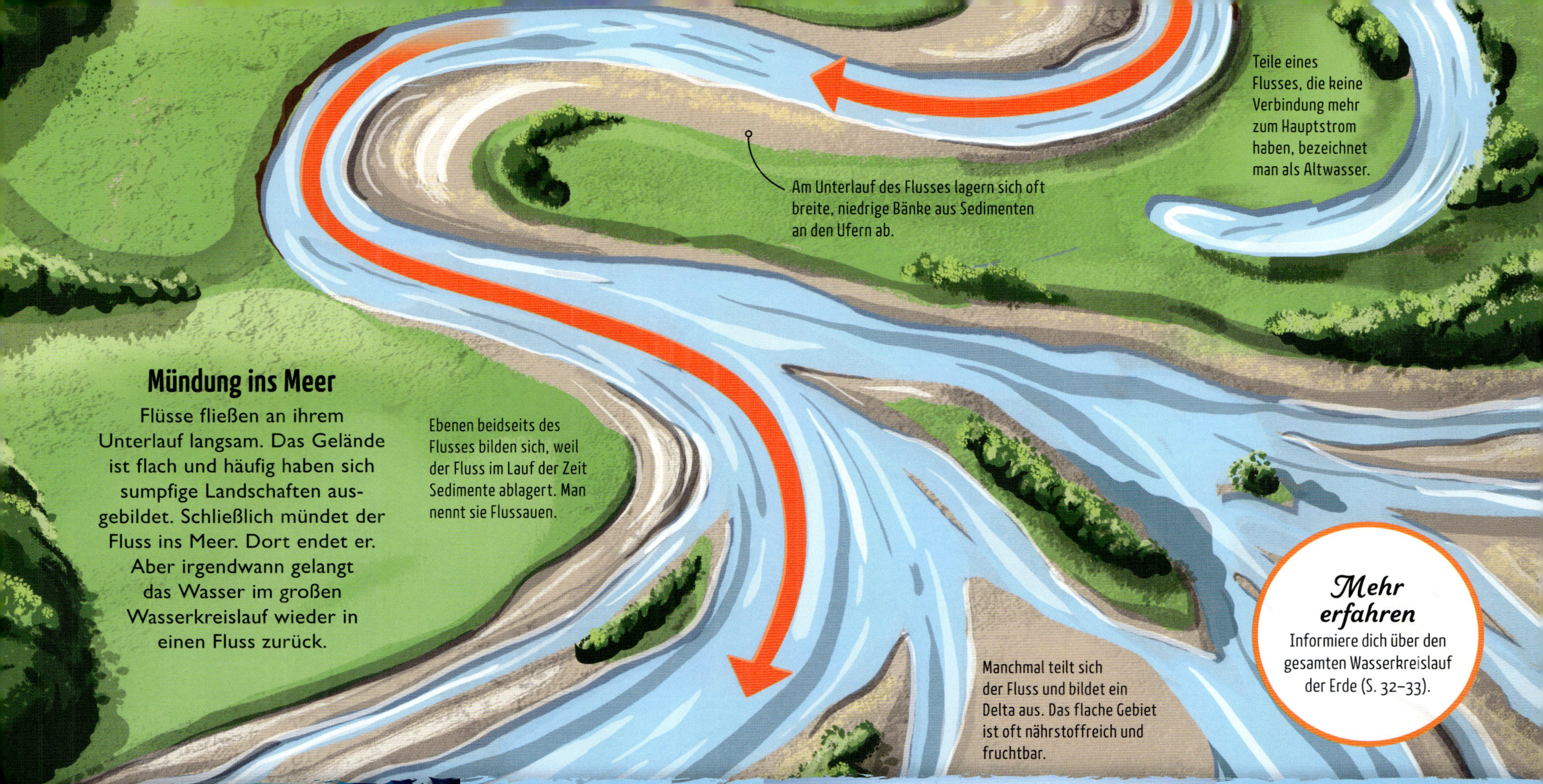

Mündung ins Meer

Flüsse fließen an ihrem Unterlauf langsam. Das Gelände ist flach und häufig haben sich sumpfige Landschaften ausgebildet. Schließlich mündet der Fluss ins Meer. Dort endet er. Aber irgendwann gelangt das Wasser im großen Wasserkreislauf wieder in einen Fluss zurück.

Mehr erfahren
Informiere dich über den gesamten Wasserkreislauf der Erde (S. 32–33).

Mississippi-Delta Der Mississippi ist 3750 km lang und mündet in einem Delta ins Meer, das zu den fruchtbarsten Regionen der Erde gehört. Hier gibt es Salzmarschen und Sandstrände. Gefährdete Tiere wie die Grüne Meeresschildkröte kommen in diesem Gebiet vor.

Victoriafälle Die 108 m hohen Wasserfälle des Flusses Sambesi gehören zu den beeindruckendsten Naturschauspielen der Erde. Die einheimische Bevölkerung nennt sie „Mosi oa Tunya“, das bedeutet „der donnernde Rauch“. Sie befinden sich an der Grenze von Sambia und Simbabwe in Afrika.

Eisberg

Eisberge sind große Eisblöcke, die in der Arktis und Antarktis im Meer treiben. Sie entstehen, wenn Eisstücke von Gletschern abbrechen. Eisberge verändern ihre Form und sogar ihre Farbe. Viele Meerestiere finden in ihrer Umgebung Nahrung.

Ein Gletscher entsteht

Wenn die Schneedecke immer dicker und dichter wird, bildet sich ein Gletscher. Ungefähr 10 % der Erdoberfläche sind mit Gletschern bedeckt. In ihnen sind 75 % des Süßwassers der Erde gespeichert. Gletscher bewegen sich durch ihr Gewicht ins Tal hinab. Heute schmelzen viele Gletscher wegen des Klimawandels.

Mehr erfahren
Staune über die Pinguine, die in der Antarktis leben (S. 108–109).

Kaiserpinguine halten auf Eisbergen nach Nahrung Ausschau.

Ein Eisberg bricht ab

Am Ende des Gletschers brechen Eisbrocken ab und treiben im Meer. Man sagt, der Gletscher kalbt. Manche Eisberge sind nur klein, andere dagegen riesig.

Der Berg treibt im Meer

Eisberge bestehen aus gefrorenem Süßwasser, aber sie treiben in salzhaltigem Meerwasser. Meist überdauern sie 3 bis 6 Jahre lang. Sie werden von den Strömungen verdriftet und stoßen zusammen oder gegen das Festland.

Streifen im Eis

Manche Eisberge sind gestreift und sehen deshalb besonders schön aus. Die dunklen Streifen stellen im Eis eingeschlossene Sedimente dar.

Oben flach Eisberge können keil- oder kuppelförmig sein oder viele Spitzen besitzen. Solche, die oben flach sind und steile Kanten haben, wie dieser rechteckige Eisberg in der Antarktis, nennt man Tafeleisberge.

Bizarre Formen

Wellen tragen die Flanken des Eisbergs ab. So entstehen spektakuläre Bögen und Höhlen. Wenn Eisberge am Meeresgrund oder an der Küste entlangschrammen, werden sie abgeschliffen.

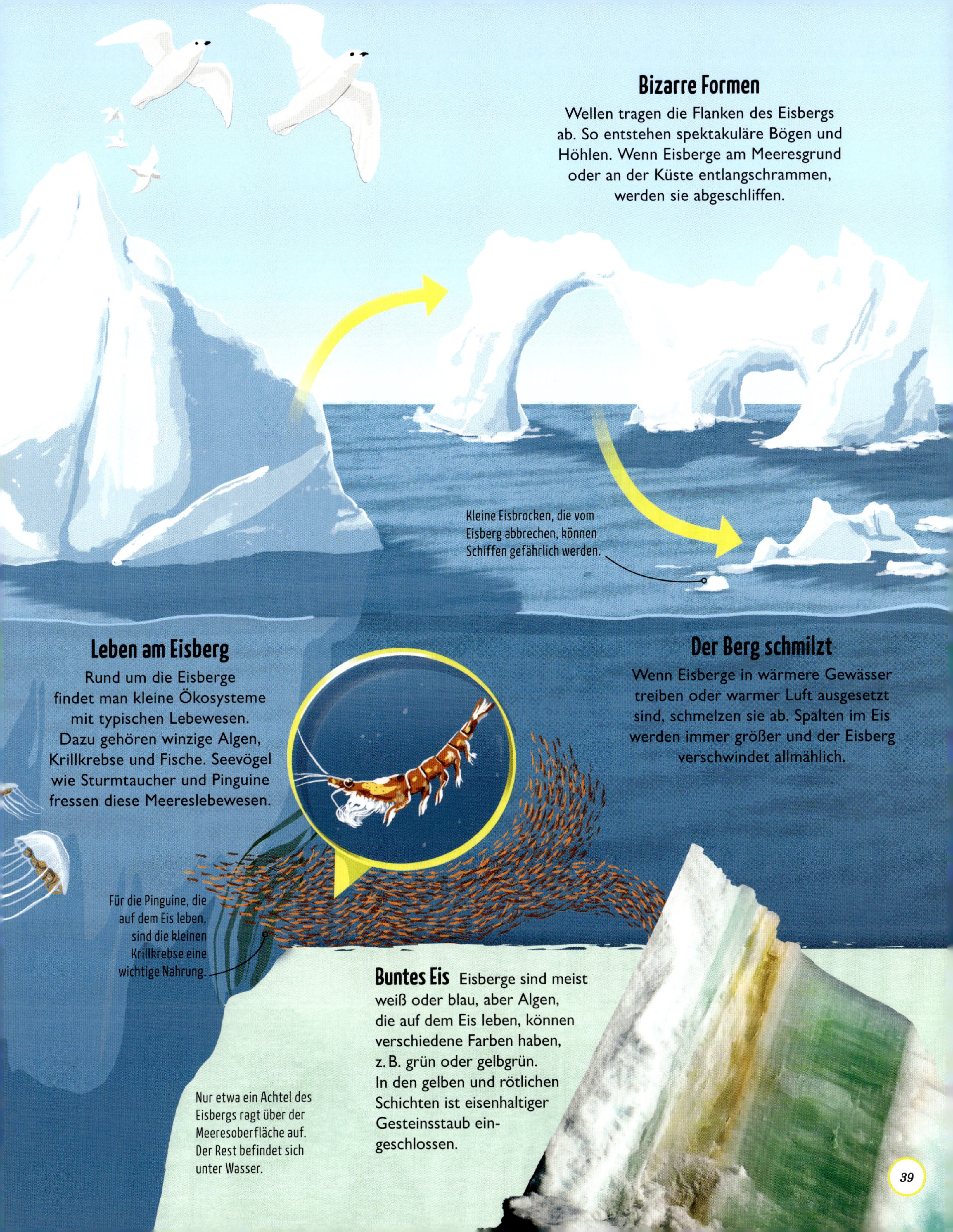

Leben am Eisberg

Rund um die Eisberge findet man kleine Ökosysteme mit typischen Lebewesen. Dazu gehören winzige Algen, Krillkrebse und Fische. Seevögel wie Sturmtaucher und Pinguine fressen diese Meereslebewesen.

Der Berg schmilzt

Wenn Eisberge in wärmere Gewässer treiben oder warmer Luft ausgesetzt sind, schmelzen sie ab. Spalten im Eis werden immer größer und der Eisberg verschwindet allmählich.

Buntes Eis Eisberge sind meist weiß oder blau, aber Algen, die auf dem Eis leben, können verschiedene Farben haben, z. B. grün oder gelbgrün. In den gelben und rötlichen Schichten ist eisenhaltiger Gesteinsstaub eingeschlossen.

Kohlenstoff

Kohlenstoff ist ein wesentlicher Baustein aller Lebewesen auf der Erde. Er ist in der Atmosphäre, den Meeren, den Pflanzen, dem Boden, den Steinen und in unserem Körper enthalten. Die gesamte Menge des Kohlenstoffs auf der Erde nimmt nie zu oder ab. Der Stoff bewegt sich stattdessen in unterschiedlicher Form in einem großen Kreislauf.

In der Atmosphäre

In der Luft verbindet sich Kohlenstoff mit Sauerstoff zu Kohlenstoffdioxid (CO_2), kurz auch Kohlendioxid genannt. CO_2 ist ein Treibhausgas. Eine Verringerung des Anteils an CO_2 in der Atmosphäre würde dazu beitragen, eine weltweite Klimaerwärmung zu verhindern.

Aufnahme

Pflanzen stellen mit Hilfe der Energie des Sonnenlichts aus dem Kohlenstoffdioxid der Luft und Wasser Nährstoffe her. Das bezeichnet man als Fotosynthese.

Einlagerung

Im Lauf von Jahrmillionen verwandeln sich tote Organismen, die Kohlenstoff enthalten, in fossile Brennstoffe wie Kohle und Erdöl.

Wälder Bäume nehmen viel CO_2 auf. So tragen sie dazu bei, die Treibhausgase in der Atmosphäre zu reduzieren. Wenn wir Wälder roden, schadet das diesem natürlichen Prozess.

Gesteine Der meiste Kohlenstoff ist in Gesteinen gespeichert. Aber Wind, Regen und Eis lassen das Gestein verwittern. CO_2 gelangt wieder ins Meer oder in die Atmosphäre.

Der Gehalt an Kohlenstoffdioxid in der Luft war in den letzten 800 000 Jahren nie so hoch wie heute.

Mehr erfahren
Lies nach, wie wir Menschen den Kohlenstoffkreislauf beeinflussen (S. 136–137).

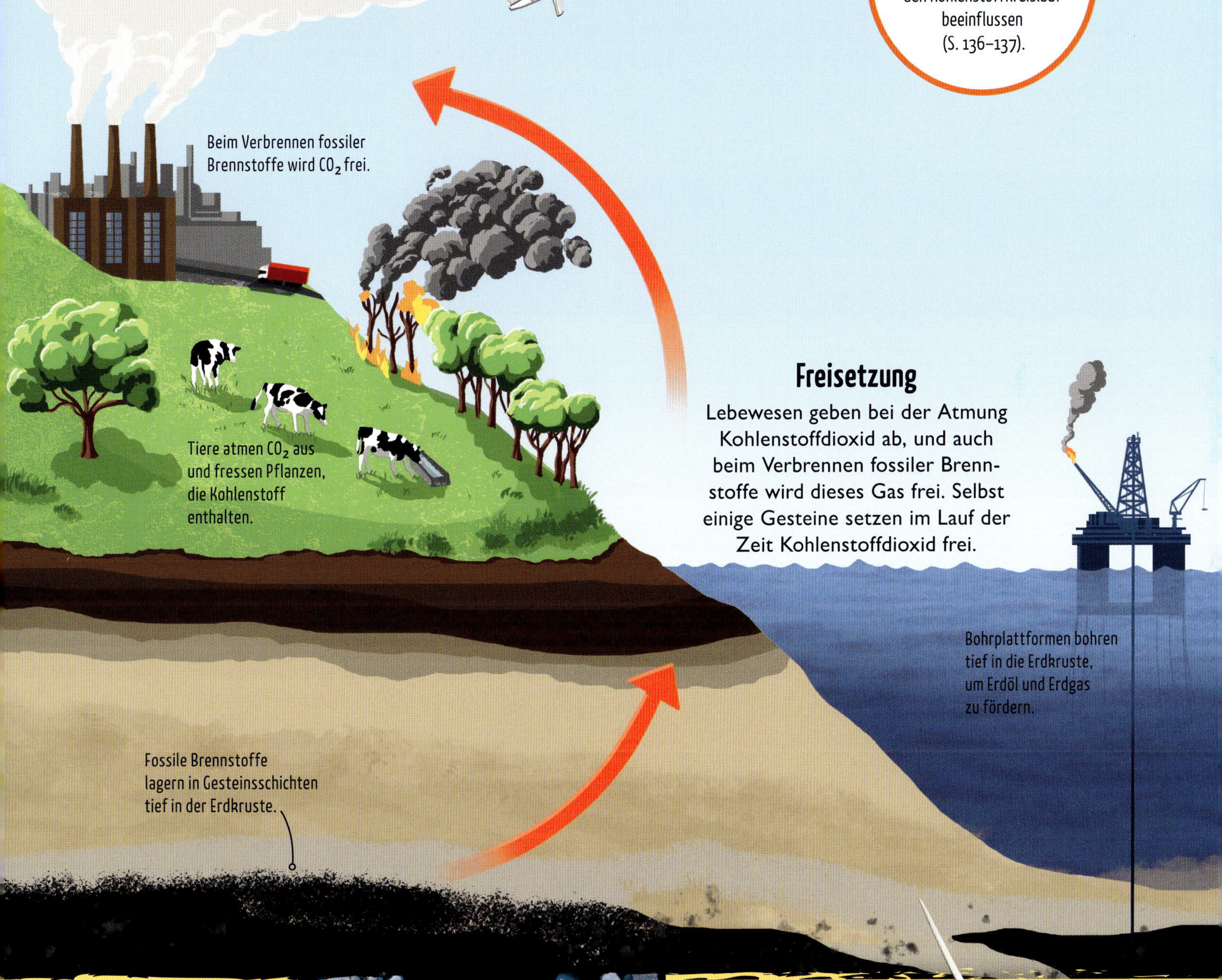

Freisetzung

Lebewesen geben bei der Atmung Kohlenstoffdioxid ab, und auch beim Verbrennen fossiler Brennstoffe wird dieses Gas frei. Selbst einige Gesteine setzen im Lauf der Zeit Kohlenstoffdioxid frei.

Klimawandel Kohlenstoffdioxid, das wir freisetzen, wenn wir fossile Brennstoffe verbrennen, treibt die Klimaerwärmung an. Eis schmilzt und Gletscher verschwinden.

Nachhaltige Energien
Anders als fossile Brennstoffe bringen Solaranlagen und Windräder den Kohlenstoffkreislauf nicht durcheinander. Man nennt dies nachhaltige Energiegewinnung.

Leben auf der Erde

Leben gibt es auf unserem Planeten schon seit mindestens 3,5 Milliarden Jahren. Die ersten Lebewesen waren einzellige Mikroorganismen. Im Lauf unzähliger Generationen entwickelten sich daraus Tiere und Pflanzen. Sie schwammen in den Ozeanen und Meeren und überzogen das Festland mit grünen Wäldern.

Viele Tiere des Kambriums, darunter *Marrella*, erinnern an Krebstiere mit langen Beinen.

Leben entsteht

Eine Milliarde Jahre nach der Entstehung der Erde scheinen die kahlen Felsenlandschaften und die tiefen Ozeane noch immer ohne Leben zu sein. Doch irgendwo unter den Wellen entwickeln sich die ersten einzelligen Lebewesen.

Wasser überflutet die Erdoberfläche und macht die Erde zum Blauen Planeten.

Die Erde bildet sich

Es gab eine Zeit, in der die Sonne von Wolken aus Staub und Gesteinsbrocken umgeben war. Aus ihnen bildeten sich die Planeten des Sonnensystems, auch unsere Erde.

Erste Tiere

Irgendwo auf dem Meeresboden entwickeln sich Lebewesen, deren Körper aus Milliarden Zellen bestehen. Sie sind viel größer als die frühen Mikroorganismen. Die ersten Tiere sehen allerdings ganz anders aus als die heute lebenden.

Dickinsonia kroch wahrscheinlich über den Meeresgrund.

Kambrische Explosion

Im Kambrium herrschen Bedingungen, unter denen sich die unterschiedlichsten Meerestiere entwickeln können. Viele sehen ähnlich aus wie heute lebende Quallen, Würmer oder Krebse.

4,54 Mrd.

4 Mrd.

600 Mio.

540 Mio.

Mrd. = Vor Milliarden Jahren
Mio. = Vor Millionen Jahren

500 Mio.

Auch heute herrschen in vielen Mooren Torfmoose vor.

Landpflanzen

Im seichten Wasser wachsen bereits Grünalgen und Tange. Aus ihnen entwickeln sich die ersten Landpflanzen. Moose bedecken den Boden. Zwischen ihnen leben Gliederfüßer und andere kleine Tiere.

430 Mio.

Tiere mit Kiefern

Die ersten Wirbeltiere sind kieferlose Fische, die sich während der „kambrischen Explosion“ entwickeln. Millionen Jahre später besitzen einige Fische Kiefer, mit denen sie zubeißen können. Zu den ersten Räubern gehören frühe Haie.

Der heute lebende Siebenkiemerhai ähnelt urzeitlichen Haien.

400 Mio.

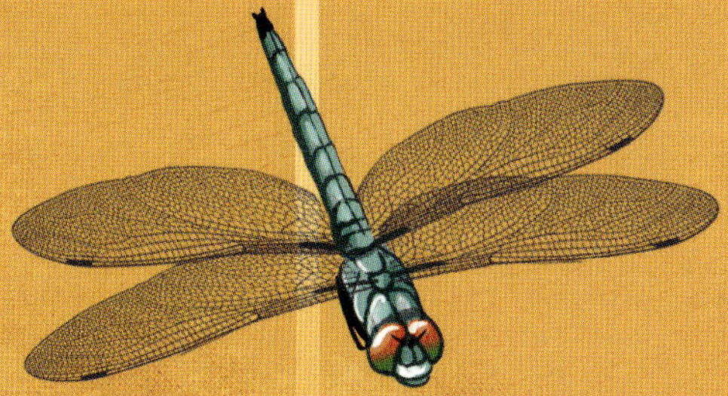

Fliegende Insekten

Einige der Gliederfüßer an Land haben sechs Beine und zwei Flügelpaare. Es sind die ersten Insekten. Sie werden zur größten Tiergruppe der Erde. Als grüne Pflanzen auf dem Festland wachsen, entwickeln sich Hunderttausende Insektenarten.

380 Mio.

Wälder

Weil Pflanzen Lebensgemeinschaften bilden, werden sie größer. Eine Pflanze muss zum Licht gelangen, denn im Schatten ihrer Nachbarn kann sie nicht gedeihen. Die ersten hohen Bäume entwickeln sich und bilden Wälder, die Landtieren Lebensräume bieten.

Die heutigen Regenwälder bestehen aus anderen Baumarten, aber noch immer leben in ihnen die meisten Tierarten.

Giganten unter den Reptilien

Die Reptilien sind so erfolgreich, dass sie sich zu ganz erstaunlichen Lebewesen entwickeln. Gewaltige Ichthyosaurier schwimmen in den Meeren und riesige Dinosaurier ziehen über das Festland.

Die Ichthyosaurier ähnelten den heutigen Delfinen, waren aber Reptilien und keine Säugetiere.

Amphibien

Die Fische bilden Flossen aus, um zu steuern. Einige haben fleischige Flossen, mit denen sie sich an Land fortbewegen können. Sie entwickeln Lungen, um Luft zu atmen. Die ersten Amphibien sind entfernte Verwandte der heutigen Schwanzlurche und Frösche.

Blüten

Jahrmillionen lang setzen Pflanzen staubfeine Sporen frei, die vom Wind verweht werden, oder bilden in Zapfen Samen. Dann erscheinen die ersten Blütenpflanzen und die Landschaften werden bunt. Insekten werden mit Nektar angelockt und bestäuben die Blüten.

Reptilien

Amphibien haben eine feuchte Haut wie ihre Fischvorfahren und legen ihre Eier im Wasser ab. Einige entwickeln weitere Anpassungen an ein Leben an Land. Sie haben eine trockene, schuppige Haut und legen Eier mit robusten Schalen. Es sind die ersten Reptilien.

Wie viele frühe Säugetiere war *Morganucodon* wohl nachtaktiv.

Schildkröten-ähnliche Lebewesen entstehen. Große Landschildkröten entwickelten sich erst vor wenigen Jahrmillionen.

Säugetiere

Zur Zeit der Dinosaurier tragen die Nachfahren kleiner Reptilien ein Fell. Die ersten Säugetiere leben in Bauen. Später bringen die Weibchen weit entwickelte Junge zur Welt, statt Eier zu legen, und säugen sie mit Milch.

375 Mio.

320 Mio.

300 Mio.

250 Mio.

200 Mio.

Passionsblumen entwickelten sich aus Pflanzen, die zur Zeit der Dinosaurier wuchsen.

150 Mio.

66 Mio.

60 Mio.

13 Mio.

Noch Jahre nach dem Meteoriteneinschlag ist es auf der Erde kalt und dunkel.

Vögel

Eine Dinosauriergruppe läuft auf den Hinterbeinen und trägt Federn. Vielleicht wärmen sie den Körper oder dienen zur Balz. Mit befiederten Armen kann man sich aber auch in die Luft erheben – aus Dinosauriern entwickeln sich die Vögel.

Einige der heute lebenden Säugetiere, wie das Schnabeltier, legen Eier wie ihre Reptilienvorfahren.

Vorfahren der Menschen

Eine Säugetiergruppe lebt in den Bäumen: die Primaten. Sie haben Greifhände und große Gehirne. Einige können aufrecht laufen. Aus ihnen entwickeln sich die Menschen. In der Urzeit gibt es viele Arten menschenähnlicher Primaten. Heute ist unsere Art, der *Homo sapiens*, die einzige Menschenart auf der Erde.

Homo sapiens, den modernen Menschen, gibt es noch nicht einmal seit einer halben Million Jahren.

Aussterben der Dinosaurier

Seit sich Leben entwickelt hat, gab es auf der Erde viele Katastrophen, wie Klimaveränderungen oder gewaltige Vulkanausbrüche. Viele Arten sind ausgestorben. Eine der größten Katastrophen ist ein Meteoriteneinschlag, der auch zum Aussterben der Dinosaurier führt.

Archaeopteryx war ein urzeitlicher Vogel mit Federn und einem Schnabel, aber er besaß Reptilienzähne und Krallen an den Flügeln.

Zeit der Säugetiere

Kleine Tiere mit Fell gehören zu den Gruppen, die den Meteoriteneinschlag überleben. Als sich das Klima und das Leben davon erholten, übernehmen Säugetiere die dominierende Rolle, die vorher die Dinosaurier besaßen, und entwickeln sich zu vielen verschiedenen Arten von Fleisch- und Pflanzenfressern.

Heute gibt es etwa 1,3 Millionen wissenschaftlich beschriebene und wohl noch viel mehr bisher unentdeckte Arten.

Schleimpilz Viele Schleimpilze leben als Einzeller wie die Amöben. Aber manchmal kommen die Zellen zusammen und bilden pilzähnliche Gebilde. Diese setzen Sporen frei, aus denen sich neue Einzeller entwickeln.

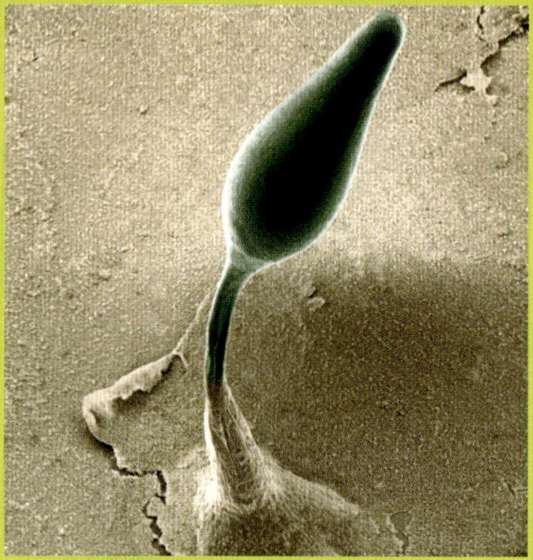

Bakterie Wie Amöben sind auch Bakterien Einzeller, die sich teilen. Die Zellen einer Bakterie sind aber kleiner und die DNA befindet sich nicht in einem Kern.

Virus Viren sind noch kleiner als Bakterien. Sie sind winzige Kapseln, die genetische Information enthalten. Viren können sich nur in den Zellen anderer Lebewesen vermehren.

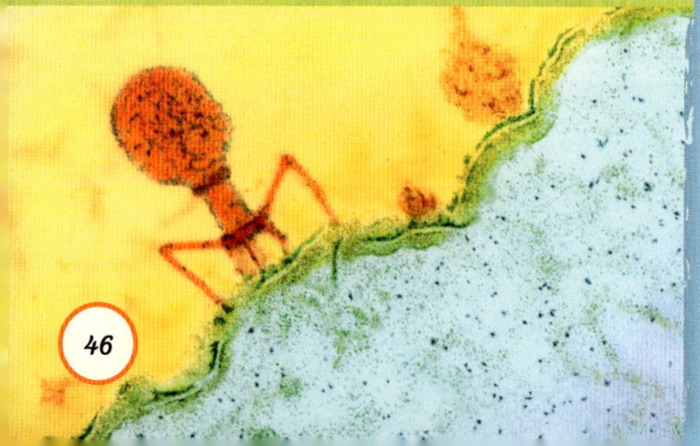

Amöbe

Die einzellige Amöbe ist so winzig, dass sie ihren gesamten Lebenszyklus in einem Wassertropfen durchlaufen kann. Ihre Zelle wird nie größer als ein i-Pünktchen. Aber wie jede Zelle enthält sie alles, was sie braucht, um sich zu vermehren.

Gefräßige Amöbe

Die Amöbe ist eine winzige Räuberin. Sie ernährt sich von kleinen Einzellern wie Algen. Ihre Beute verschlingt sie, indem sie Fortsätze ausstülpt, die aus Zytoplasma bestehen.

Information

Im Zellkern befindet sich die DNA. Diese chemische Substanz enthält die genetischen Anweisungen für den Lebenszyklus der Amöbe. Amöben teilen sich, um sich zu vermehren. Die DNA im Zellkern wird dabei kopiert.

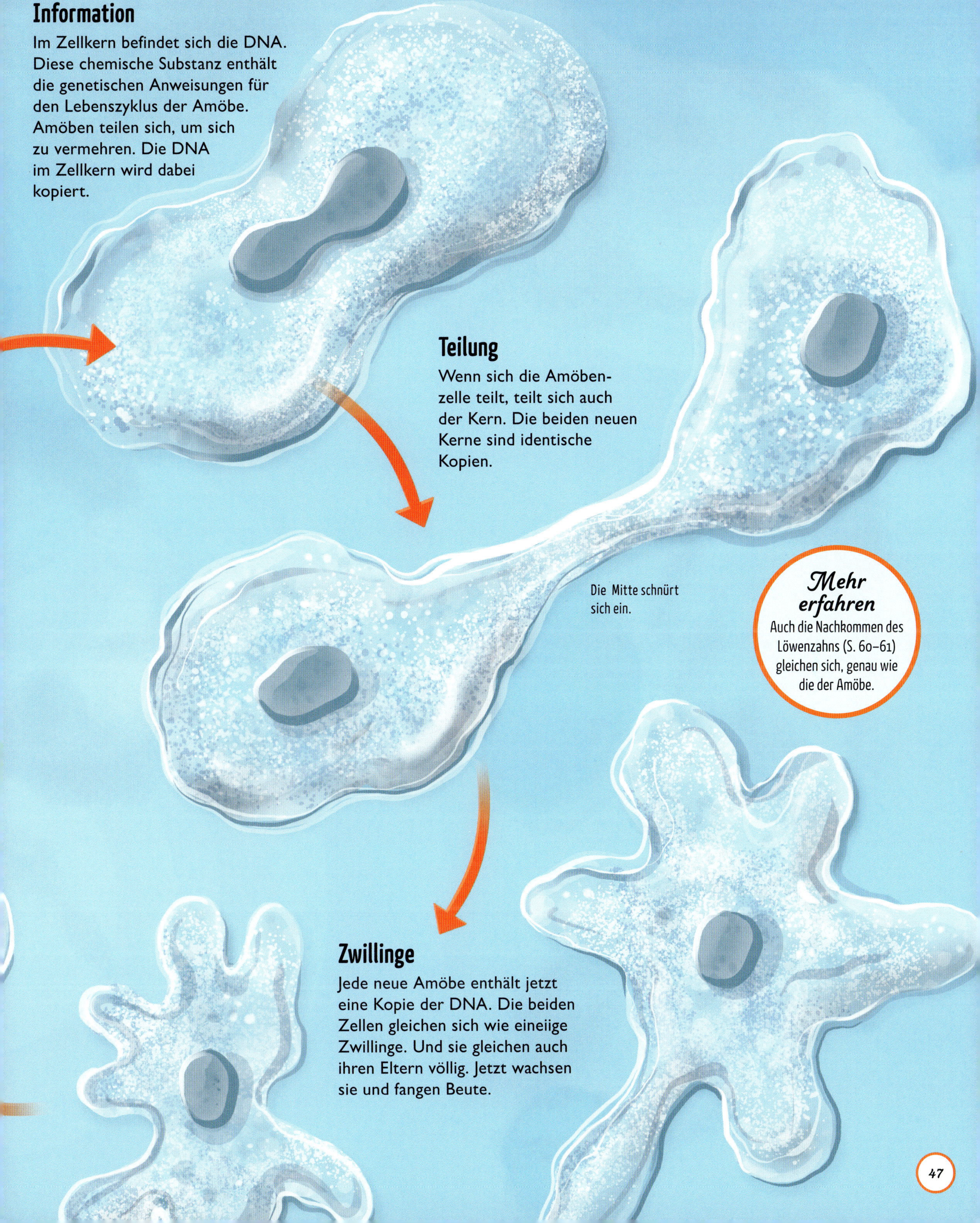

Teilung

Wenn sich die Amöbenzelle teilt, teilt sich auch der Kern. Die beiden neuen Kerne sind identische Kopien.

Mehr erfahren

Auch die Nachkommen des Löwenzahns (S. 60–61) gleichen sich, genau wie die der Amöbe.

Zwillinge

Jede neue Amöbe enthält jetzt eine Kopie der DNA. Die beiden Zellen gleichen sich wie eineiige Zwillinge. Und sie gleichen auch ihren Eltern völlig. Jetzt wachsen sie und fangen Beute.

Pflanzen und Pilze

Pflanzen und Pilze sind fest im Boden verankert. Die Pflanzen wachsen in die Höhe und nehmen die Energie des Sonnenlichts auf, während Pilze sich im Erdboden von abgestorbenen organischen Substanzen ernähren. Aber in beiden Lebenszyklen werden auch große Entfernungen zurückgelegt: Die Sporen und Samen verstreuen sich weit, um anderswo zu keimen.

Sporen und Samen

Obwohl Pflanzen fest im Erdboden verwurzelt sind, verbreiten sich ihre Nachkommen oft weit. Moose und Farne setzen staubfeine Sporen frei, die verweht werden. Die meisten Pflanzen bilden Samen. In jedem Samen befindet sich ein Pflanzenembryo mit einem Nährstoffvorrat.

Vermehrung mit Samen

Die meisten Pflanzen bilden winzige Pollenkörner. Anders als aus Sporen können aus ihnen keine neuen Pflanzen heranwachsen. Ein Pollenkorn befruchtet die Eizelle einer anderen Blüte. Aus der befruchteten Eizelle bildet sich eine Frucht oder ein Zapfen mit Samen. Ein Same enthält einen Pflanzenembryo.

Viele Pflanzen, wie Kiefern, bilden in Zapfen Pollen und Eizellen.

Moose und Farne

Die ersten Landpflanzen vermehrten sich über Sporen. Jede winzige Spore ist eine einzige Zelle, aus der eine neue Pflanze heranwachsen kann. Moose bilden ihre Sporen in gestielten Kapseln, während sie sich bei den meisten Farnen an der Unterseite von Blättern entwickeln.

Die Sporen der Moose werden meist hoch oben an der Pflanze freigesetzt, sodass sie vom Wind verweht werden.

Die meisten Zapfen sind hart und holzig, wenn sie reif sind, aber die des Wacholders entwickeln sich zu Beeren.

Farne bilden kleine braune Strukturen, die winzige Sporen in die Luft entlassen.

Die meisten Farnwedel entrollen sich an der Spitze.

Viele Pflanzen, die Zapfen bilden, haben robuste nadelförmige Blätter. Die der Araukarie sind jedoch breit und flach.

Blütenpflanzen

Blütenpflanzen bilden Blüten, um sich zu vermehren. Viele Blüten sind bunt und duften. Sie enthalten Nektar, der Tiere anlockt, wie etwa Bienen. Diese bestäuben die Blüte, sodass sich eine Frucht mit Samen bilden kann.

Mit ihren bunten Farben lockt die Blüte der Strelitzie Nektarvögel an, die sie bestäuben.

Araukarien wachsen langsam, werden aber sehr alt. Ein Exemplar ist wahrscheinlich mehr als 4800 Jahre alt und gehört wohl zu den ältesten Lebewesen der Erde.

Reife Früchte sind oft zuckerhaltig. Das zieht Tiere an, die die Früchte fressen und die Samen später an einem anderen Ort wieder ausscheiden. So verbreiten sie sich.

Im Frühling tragen viele Pflanzen, wie die Magnolien, Blüten. Erst später entfalten sich die Blätter.

Die meisten Pflanzen sind auf Bestäuber angewiesen, die ihren Pollen zu anderen Pflanzen transportieren. Manche Blüten, wie die der Antarktischen Perlwurz, können sich selbst bestäuben.

Es gibt mehr als 250 000 Arten von Blütenpflanzen.

Sonnenblumen

Kakteen

Pilz

Pilze gehören weder zu den Tieren noch zu den Pflanzen. Sie bestehen aus vielen dünnen, verzweigten Fäden, die man Hyphen nennt. Wir bemerken sie meist erst dann, wenn ihre Fruchtkörper erscheinen. Das sind die oberirdischen Gebilde, die wir gewöhnlich als Pilze bezeichnen. Manche Pilze, wie der Fliegenpilz, sind sehr giftig.

Die Fruchtkörper erscheinen einzeln oder in kleinen Gruppen am Waldboden.

Der leuchtend rote Hut warnt hungrige Tiere, dass der Pilz giftig ist.

Keimende Sporen

Wenn die Sporen an den richtigen Stellen landen, keimen sie und feine Pilzfäden wachsen heraus. Sie breiten sich aus, verzweigen sich und nehmen Wasser und Nährstoffe aus dem Erdboden auf.

Die winzigen Sporen werden durch den Wind oft weit weggetragen.

Sporenwolke

Der Fliegenpilz setzt Millionen weiße Sporen frei. Sie werden vom Wind verweht. Nur aus wenigen wachsen schließlich neue Pilze heran.

Mehr erfahren
Informiere dich über Pflanzen, die sich über Sporen vermehren (S. 50-51).

Pilz und Birke Fliegenpilze sieht man oft bei Birken. Ihre Hyphen umwachsen die Baumwurzeln und versorgen den Baum mit Nährstoffen aus dem Boden. Im Gegenzug bekommt der Pilz Zucker, die der Baum in den Blättern bildet.

Tintenfischpilz

Dieser Pilz ist mit Schleim bedeckt und riecht nach verwesendem Fleisch. In dem Schleim befinden sich die Pilzsporen. Käfer, Fliegen und Schnecken, die vom Geruch angelockt werden, verteilen die schleimigen Sporen.

Junge Pilze

Eine Hülle schützt den jungen Pilz. Wenn der Hut größer wird, bricht sie auf. Die weißen Flecken auf dem roten Hut sind Reste der Hülle.

Das Myzel

Die Hyphen breiten sich im Erdboden aus und bilden ein Geflecht, das man Myzel nennt. Es ist der Hauptteil des Pilzes und nimmt im Boden Nährstoffe von toten Pflanzen und Tieren auf.

Junge Pilze entwickeln sich

Wenn es Zeit ist, sich zu vermehren, bilden die Hyphen Verdickungen. Sie werden größer und man kann kleine weiße Stecknadelköpfe an der Bodenoberfläche erkennen. Diese Gebilde wachsen zu jungen Pilzen heran.

Reifer Fruchtkörper

Wissenschaftler bezeichnen das, was wir Pilz nennen, als Fruchtkörper. Der Hut und der Stiel bestehen aus Hyphen, die dicht gepackt sind. An der Unterseite des Huts befinden sich Lamellen, an deren Oberfläche sich die Sporen bilden.

Bovist Der Bovist hat einen kugelförmigen Fruchtkörper, in dem die Sporen gebildet werden. Wenn ein Tier daran stößt oder ein Regentropfen auf ihn fällt, bricht er auf und eine Wolke aus Sporen wird herausgeschleudert

Müllabfuhr Pilze sind Abfallverwerter. Sie ernähren sich von toten Pflanzen und Tieren. Ohne Pilze würden die Überreste toter Lebewesen in den Wäldern und auf den Wiesen liegen bleiben.

Mammutbaum

Der schwerste Baum der Erde, der Riesenmammutbaum, wird so hoch wie ein 26-stöckiges Gebäude und breiter als eine Straße. Diese Bäume wachsen nur in Kalifornien (USA) und können Jahrtausende alt werden. Wenn sie abgestorben sind, ernähren sie andere Lebewesen.

Neues Leben

Aus den Zapfen des Riesenmammutbaums entspringt neues Leben. Pollen aus männlichen Zapfen wird vom Wind zu weiblichen Zapfen transportiert. Er befruchtet die Eizellen, sodass sich Samen bilden.

Der Zapfen springt auf

Hungrige Eichhörnchen und andere Tiere, die die Zapfen öffnen, verbreiten die Samen. Häufiger passiert es jedoch, dass die Zapfen bei einem Waldbrand austrocknen und aufspringen, um die Samen zu entlassen.

Kleines Pflänzchen

Aus den Samen wachsen junge Pflanzen heran. Wenn sie 10 Jahre alt sind, bilden die Bäume zum ersten Mal Zapfen, und das tun sie bis ins hohe Alter.

Jung oder alt?

Mit 250 Jahren sind diese Bäume immer noch jung. Die Äste entspringen von der Basis des Stamms bis hinauf in die Krone. Der Mammutbaum ist immergrün – er behält seine Blätter das ganze Jahr hindurch.

Mehr erfahren

Die Kokospalme (S. 56–57) und die Eiche (S. 62–63) bilden Früchte statt Zapfen.

Ausgewachsener Baum

Der Baum hat seine volle Höhe erreicht, wenn er 500 bis 750 Jahre alt ist. Dann hat sich seine Form verändert. Oben am Stamm entspringen viele Äste, während er unten astlos ist. Mammutbäume können mehr als 2500 Jahre alt werden.

Alter und Tod

Bei heftigen Stürmen können alte Mammutbäume umstürzen und absterben. Auch bei langer Trockenheit sterben die Bäume.

Bedrohte Baumriesen Trotz der dicken Borke können Mammutbäume durch eine Krankheit oder bei einem Waldbrand absterben. Es dauert lang, bis diese Bäume heranwachsen. Andere, schnellwüchsigere Bäume nehmen oft ihren Platz im Wald ein.

Tierische Gäste Manche Tiere, wie Vögel, Eulen und Fledermäuse, besuchen die umgestürzten Mammutbäume und fressen an der Rinde und den Wurzeln. Dieser Helmspecht klopft auf der Suche nach Insektenlarven Löcher in den Stamm.

Kokospalme

Die Samen der Kokospalme befinden sich in den Kokosnüssen. Diese Früchte werden nicht von Tieren verbreitet, sondern sie treiben im Meer davon. Denn die Kokosnüsse werden oft ins Wasser gespült und driften dann mit den Meeresströmungen zu fernen Stränden.

Die gelben Blüten erscheinen während des ganzen Jahres.

Junge Früchte

Kokosnüsse sind zunächst grün. Es dauert etwa 1 Jahr, bis sie reif sind. Dann bricht der Stiel ab und die schwere Frucht fällt zu Boden. Der Same ist in der Frucht verborgen. Einige Kokosnüsse keimen dort, wo sie gelandet sind, während andere von den Wellen fortgetragen werden.

Der Baum blüht

Der Baum bildet Blüten, wenn er ungefähr 7 Jahre alt ist. Insekten trinken den süßen Nektar und bestäuben die Blüten, die sich dann zu Früchten entwickeln.

Die Palme wächst heran

Wenn sie 20 Jahre alt ist, ist die Kokospalme ausgewachsen und etwa 30 m hoch. Bis zu 40 gefiederte Blätter bilden ihre Krone. Sie entfalten sich aus einer einzigen Knospe oben am Stamm.

Robuste Steinfrucht

Die Frucht der Kokospalme ist eine Steinfrucht. Unter einer dicken Schicht aus grünen, später braunen Fasern verbirgt sich eine harte Schale. Sie umschließt das Fruchtfleisch und einen einzigen Samen.

Wenn die Frucht aufbricht, wachsen ein Trieb und Wurzeln aus dem Samen.

Die Kokosnuss schwimmt, weil in ihrem Innern Luft eingeschlossen ist. Sie ist so gut verpackt, dass sie im Meerwasser keinen Schaden nimmt.

Mehr erfahren

Die Früchte des Löwenzahns (S. 60–61) werden mit dem Wind verweht. Tiere verbreiten Eicheln (S. 62–63) und Orchideensamen (S. 58–59).

Wurzeln und Trieb

Das weiße Fruchtfleisch und die Kokosmilch versorgen den keimenden Samen mit Nährstoffen und Wasser. Ein einziger Trieb wächst nach oben, während die Wurzeln sich im Boden verankern.

Die meisten Wurzeln breiten sich seitlich aus – nur einige reichen tiefer in den Erdboden. Solange der Baum lebt, erscheinen immer neue Wurzeln. Ausgewachsene Palmen haben bis zu 7000 davon.

Steinfrüchte Auch Mango- und Pfirsichbäume tragen Steinfrüchte. Fruchtfleisch umgibt den harten, verholzten Stein, in dem sich der Same befindet. Kokosnüsse sind von einer dicken Faserhülle umgeben. Darunter befindet sich eine harte Schale, die den Samen schützt.

Palmöl Eine andere Palmenart, die Ölpalme, trägt ölhaltige Früchte. Das Öl ist in Schokolade, Zahnpasta und vielen anderen Produkten enthalten. Doch es gibt ein großes Problem dabei: Es werden Wälder gerodet, damit man Ölpalmplantagen anpflanzen kann, und gefährdete Tierarten wie die Orang-Utans verlieren dadurch ihren Lebensraum.

Orchidee

Viele Blüten bilden süßen Nektar, um Tiere anzulocken, die sie bestäuben. Manche Helmorchideen machen das ein bisschen anders. Sie werden nur von männlichen Prachtbienen bestäubt, die sie mit einem betörenden Duft anlocken. Wenn ein Männchen die Blüte besucht, bestäubt es sie. Dabei sammelt es den Duftstoff der Orchidee, um damit weibliche Prachtbienen anzulocken.

Blüte in den Baumkronen

Helmorchideen wachsen in Ameisennestern auf den Ästen von Bäumen. Die Ameisen ernähren sich vom süßen Nektar, während die Pflanzenwurzeln Nährstoffe aus dem Ameisennest aufnehmen. Bald schon bildet die Orchidee eine Blüte mit einer besonderen Form.

Das Bienenmännchen erkennt den einzigartigen Duft.

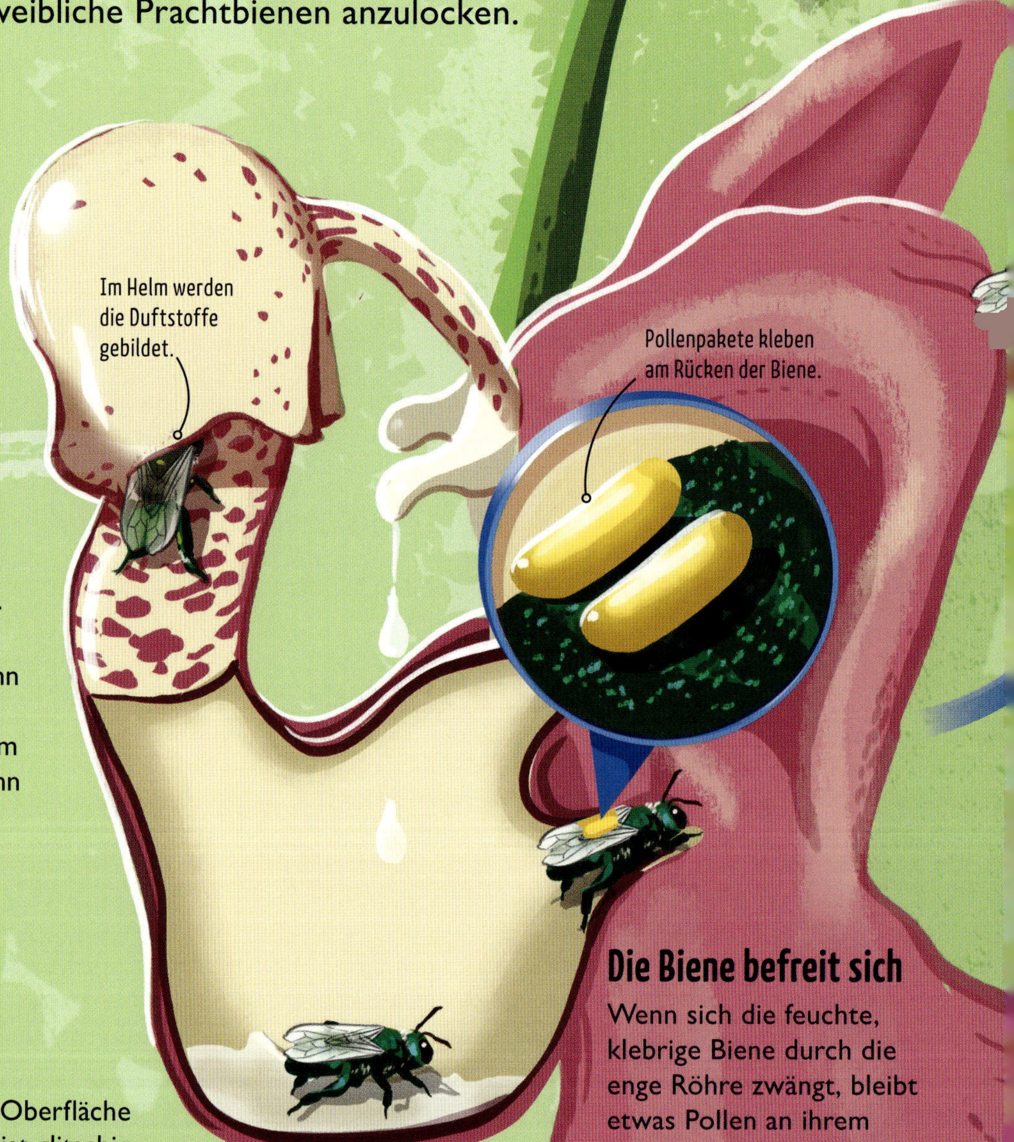

Eine Biene sammelt den Duftstoff

Der Duft der Orchideenblüte lockt nur Prachtbienenmännchen an. Wenn eines ankommt, sucht es unter dem Helm nach dem Duftstoff und speichert ihn in speziellen Taschen an seinen Hinterbeinen.

Die Biene befreit sich

Wenn sich die feuchte, klebrige Biene durch die enge Röhre zwängt, bleibt etwas Pollen an ihrem Körper hängen.

Absturz

Doch die Oberfläche der Blüte ist glitschig, sodass die Biene oft in eine Wanne am Blütenboden stürzt, die mit klebriger Flüssigkeit gefüllt ist. Nur durch eine enge Röhre kann die Biene entkommen. Sie ist nur so breit, dass die Biene gerade noch hindurchpasst.

Mehr erfahren

Informiere dich über den üblen Geruch der Rafflesienblüte (S. 66–67), der Fliegen anlockt.

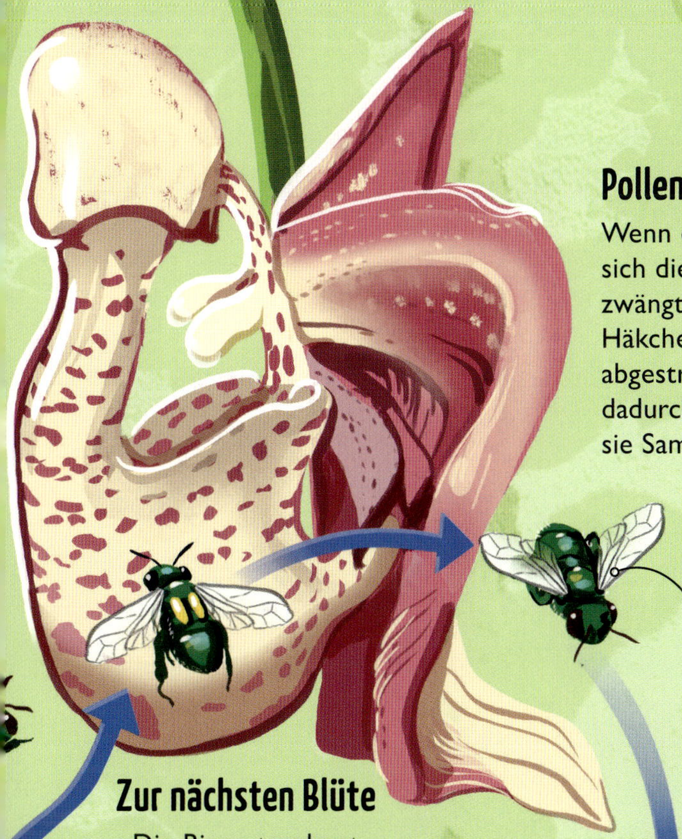

Pollentransport

Wenn das Bienenmännchen sich diesmal durch die Röhre zwängt, bleibt Pollen an Häkchen hängen und wird abgestreift. Er befruchtet dadurch die Blüte, sodass sie Samen bilden kann.

Mit dem Duft lockt das Männchen ein Weibchen an. Wenn es sehr gut duftet, paart sich das Weibchen mit ihm.

Zur nächsten Blüte

Die Biene trocknet rasch und fliegt mit dem Pollen davon. Weil das Männchen noch mehr Duft sammeln möchte, besucht es die nächste Blüte.

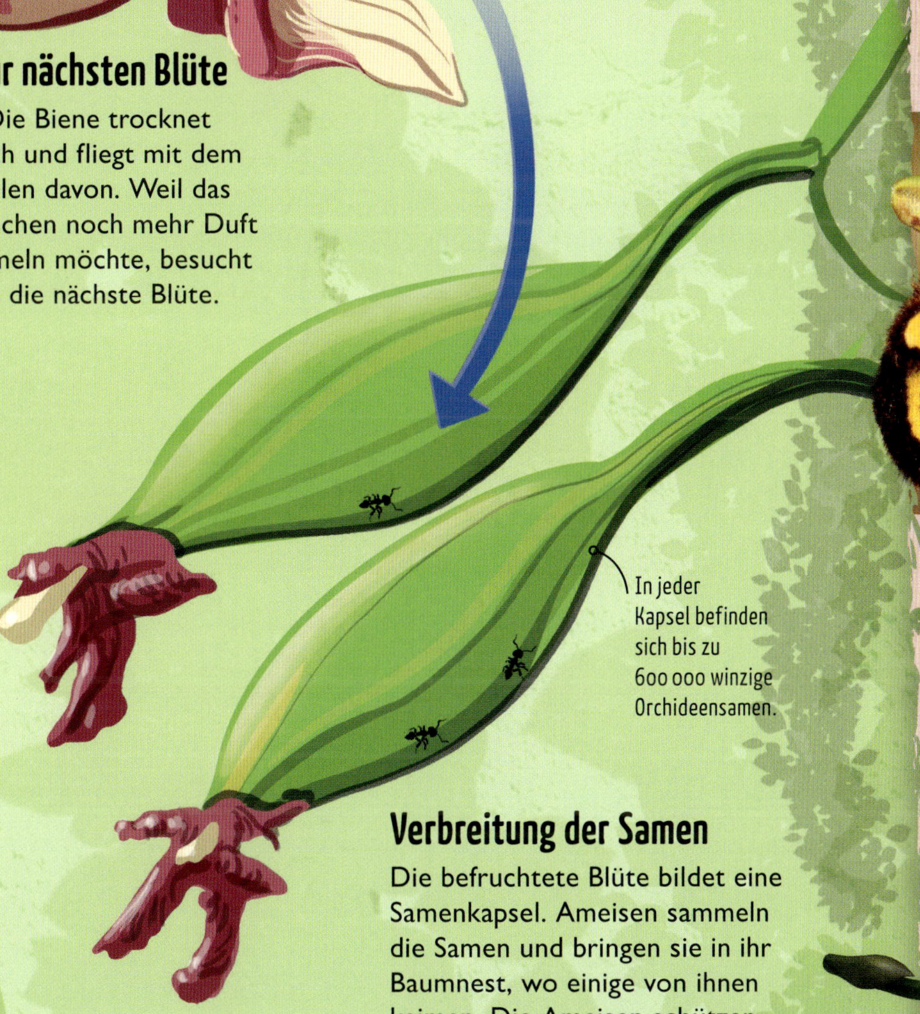

In jeder Kapsel befinden sich bis zu 600 000 winzige Orchideensamen.

Verbreitung der Samen

Die befruchtete Blüte bildet eine Samenkapsel. Ameisen sammeln die Samen und bringen sie in ihr Baumnest, wo einige von ihnen keimen. Die Ameisen schützen die Orchideen vor hungrigen Insekten, die Pflanzen fressen.

Seerose Die Blütenblätter der Amazonas-Riesenseerose schließen sich um Blatthornkäfer, die vom Duft angelockt werden. Wenn die Käfer am nächsten Tag wieder freikommen, tragen sie Pollen zu anderen Seerosenblüten.

Spiegel-Ragwurz Diese Orchideenblüten ähneln den Weibchen mancher Wespenarten und riechen auch so. Wenn ein Männchen versucht, sich mit der Blüte zu paaren, nimmt es Pollen auf und trägt ihn zur nächsten Blüte.

Sternorchidee Eine Schwärmerart ist das einzige Insekt, das die Sternorchidee bestäuben kann. Nur der Rüssel dieses Nachtfalters ist lang genug, dass er mit ihm bis zum Nektar am Grund des Blütensporns gelangt.

Insekten kommen herbei, um Pollen und Nektar zu sammeln, aber die Pflanze kann auch ohne ihre Hilfe Früchte bilden.

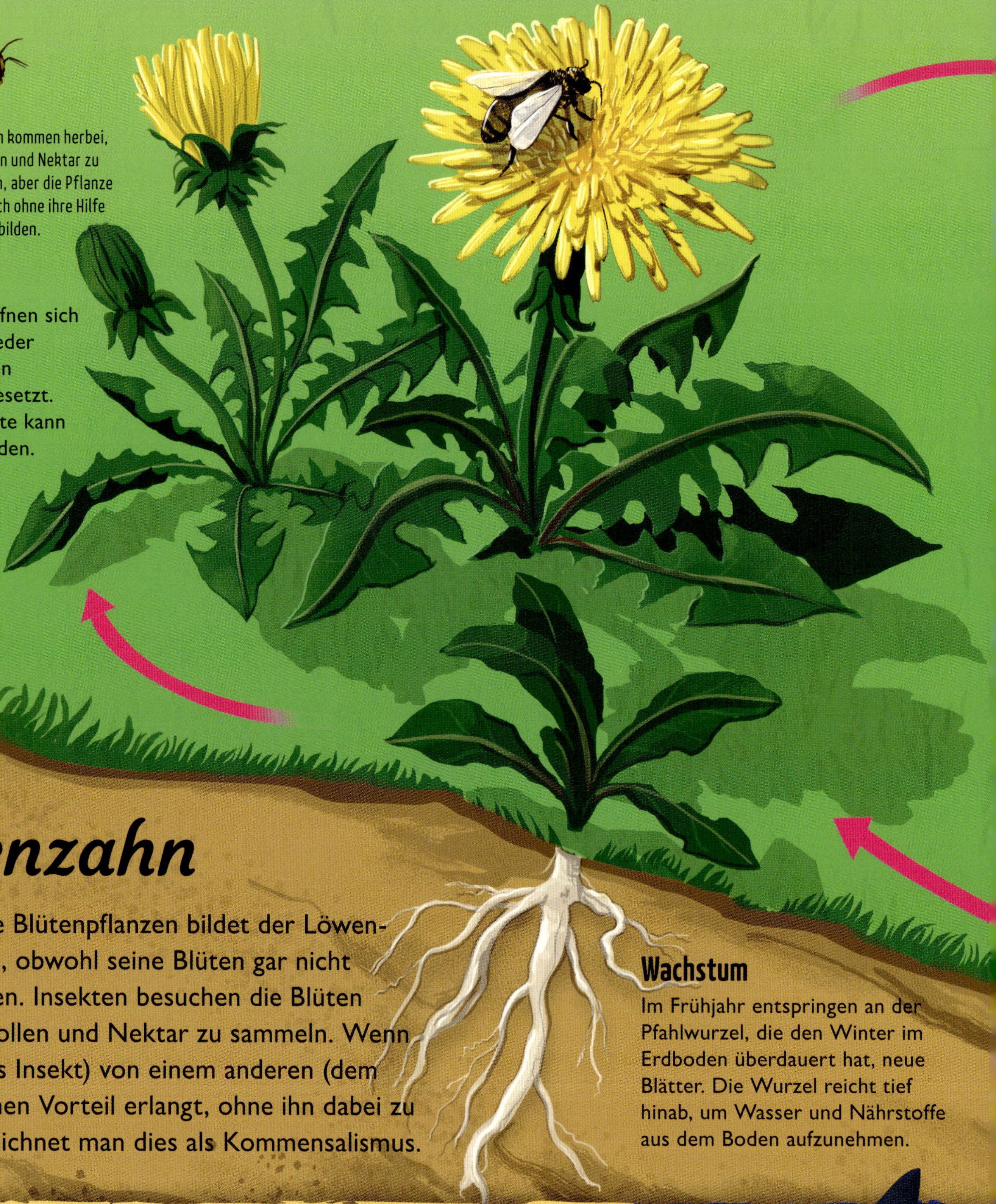

Gelbe Blüten

Die Blütenkörbe öffnen sich an langen Stielen. Jeder ist aus vielen kleinen Blüten zusammengesetzt. Aus jeder Einzelblüte kann sich eine Frucht bilden.

Löwenzahn

Anders als viele Blütenpflanzen bildet der Löwenzahn oft Samen, obwohl seine Blüten gar nicht bestäubt wurden. Insekten besuchen die Blüten dennoch, um Pollen und Nektar zu sammeln. Wenn ein Partner (das Insekt) von einem anderen (dem Löwenzahn) einen Vorteil erlangt, ohne ihn dabei zu schädigen, bezeichnet man dies als Kommensalismus.

Wachstum

Im Frühjahr entspringen an der Pfahlwurzel, die den Winter im Erdboden überdauert hat, neue Blätter. Die Wurzel reicht tief hinab, um Wasser und Nährstoffe aus dem Boden aufzunehmen.

Hausmaus Menschen und Mäuse haben ein ähnliches Verhältnis wie der Löwenzahn und die Insekten. Nur ein Partner profitiert, der andere nicht. Die Mäuse finden in unseren Häusern Schutz und Nahrung. Sie richten dabei meist nicht allzu viel Schaden an. Allerdings können sie manchmal auch Krankheitserreger übertragen.

Der Same befindet sich in der gestielten Frucht mit Schirmchen. Sie wird vom Wind fortgetragen.

Früchte bilden sich

Wenn die Blüten verblüht sind, bilden sich flauschige weiße Pusteblumen. Beim kleinsten Lüftchen werden die Früchte verweht.

Verbreitung

Die meisten Früchte landen in der Nähe der Elternpflanze, aber manche werden vom Wind auch weit fortgetragen. Die Pflanzen, die neu heranwachsen, sind Klone – sie sind mit der Elternpflanze identisch.

Das zarte Schirmchen besteht aus etwa 100 verzweigten Haaren.

Mehr erfahren

Informiere dich über Blüten, die bestäubt werden, wie die der Orchideen (S. 58–59) und der Eichen (S. 62–63).

Schiffshalter Dieser Fisch hat eine Saugplatte oben am Kopf, mit der er sich an größere Meerestiere wie Haie heftet. So reist er per Anhalter und frisst die Futterreste des Hais. Der Hai beschützt ihn außerdem vor Feinden.

Pseudoskorpion Die kleinen Tiere sind entfernte Verwandte der echten Skorpione. Sie heften sich an Insekten, die fliegen können. Das schadet den Insekten nicht. Die Pseudoskorpione kommen auf diese Weise weiter herum, als wenn sie krabbeln müssten.

Mehr erfahren
Andere Pflanzen wie der Mammutbaum (S. 54–55) und die Kokospalme (S. 56–57) sind immergrün.

Frühjahr

Im Winter ruht die Eiche. Sie spart bis zum Frühjahr Energie. Wenn die Tage wärmer und länger werden, entfalten sich grüne Blätter aus Knospen an den Zweigen und der Baum blüht. Eichen tragen männliche und weibliche Blüten.

Sommer

Während der langen, warmen Tage bilden die Blätter mit Hilfe der Energie des Sonnenlichts Nährstoffe. Man nennt diesen Prozess Fotosynthese. Die Eicheln reifen im Spätsommer. Eicheln sind Nussfrüchte mit einer harten Schale.

Samen verbreiten Die meisten Eicheln werden von Tieren gefressen. Tiere verbreiten die Eicheln aber auch, indem sie sie in entfernte Futterverstecke tragen und dort dann vergessen. Eichhörnchen vergraben sie als Wintervorrat und finden dann manche der Eicheln nicht mehr wieder. Vögel können sie im Flug verlieren. Aus all diesen Eicheln können weit vom Elternbaum entfernt neue Bäume heranwachsen.

Eiche

Eine Eiche bietet Lebensraum für etwa 350 verschiedene Insektenarten und viele andere Tiere. Laubbäume wie Eichen verändern ihr Aussehen im Verlauf der Jahreszeiten sehr. Die Samen befinden sich in den Eicheln. Eine Eiche kann in einem Jahr bis zu 90 000 Eicheln produzieren.

Wenn die Eichel reif ist, fällt sie auf den Boden. In jeder Eichel befindet sich ein Same, der zu einem neuen Baum heranwachsen kann.

Herbst

Der Herbstwind weht die Eicheln vom Baum. Wenn die Tage kühler und kürzer werden, bereitet sich der Baum auf den Winter vor. Die grünen Blätter färben sich gelb, orangebraun und rot, bevor sie abfallen.

Winter

Im Winter sind die Tage kalt und kurz. Obwohl die Eiche mit ihren kahlen Ästen wie abgestorben aussieht, lebt sie weiter. Der Baum ruht nur – ähnlich wie ein Tier, das Winterschlaf hält.

Pilz Wird eine alte Eiche schließlich von einem Pilz befallen, beginnt sie zu verfallen. Der geschwächte Stamm bricht unter der Last der Äste oder bei einem Sturm.

Laubbaum Auch der Kirschbaum wirft im Herbst sein Laub ab. Im Frühjahr erscheinen neue Blätter und rosa Blüten. Bäume, die ihre Blätter während des ganzen Jahres nicht abwerfen, nennt man immergrüne Bäume.

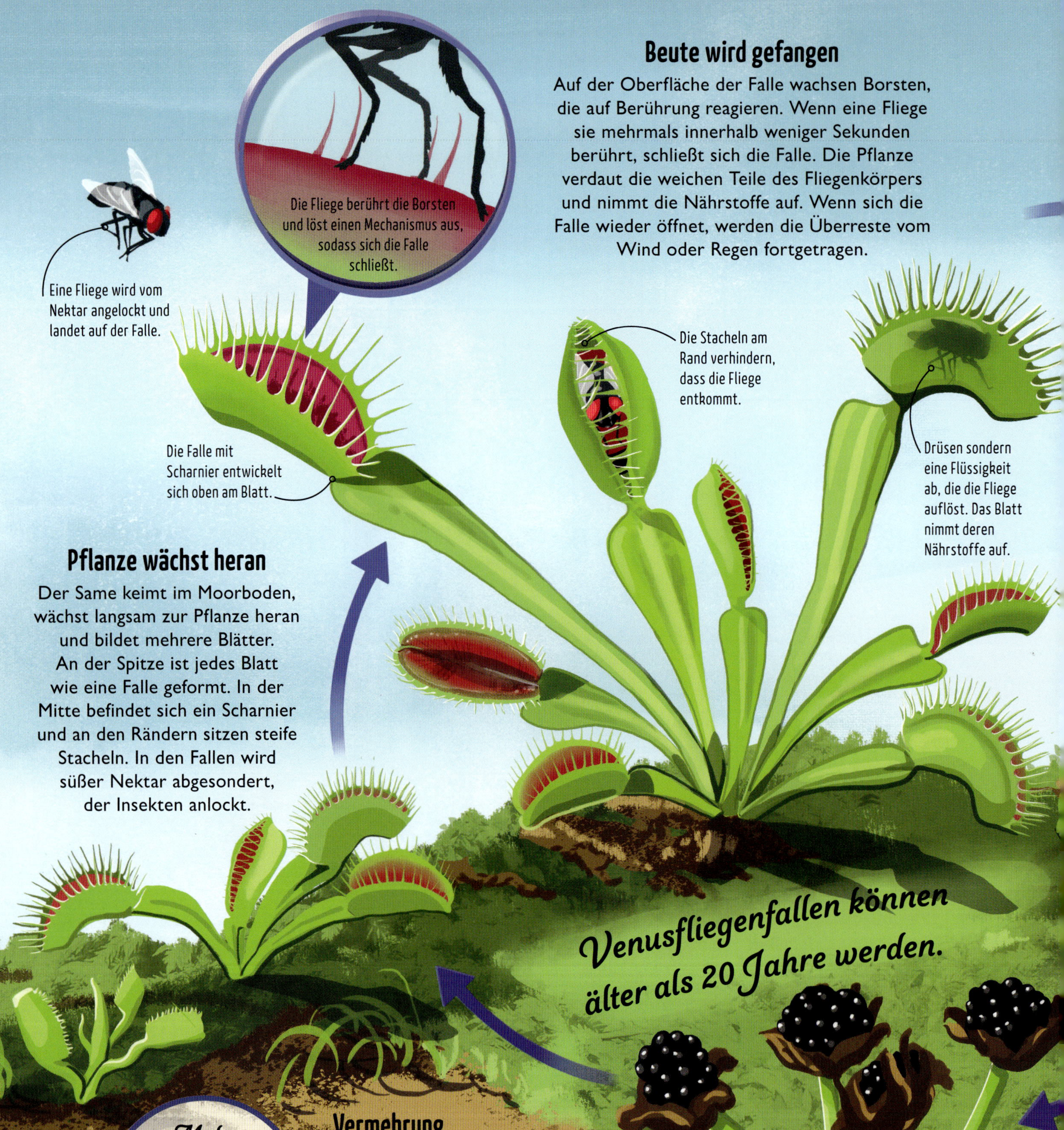

Pflanze wächst heran

Der Same keimt im Moorboden, wächst langsam zur Pflanze heran und bildet mehrere Blätter. An der Spitze ist jedes Blatt wie eine Falle geformt. In der Mitte befindet sich ein Scharnier und an den Rändern sitzen steife Stacheln. In den Fallen wird süßer Nektar abgesondert, der Insekten anlockt.

Beute wird gefangen

Auf der Oberfläche der Falle wachsen Borsten, die auf Berührung reagieren. Wenn eine Fliege sie mehrmals innerhalb weniger Sekunden berührt, schließt sich die Falle. Die Pflanze verdaut die weichen Teile des Fliegenkörpers und nimmt die Nährstoffe auf. Wenn sich die Falle wieder öffnet, werden die Überreste vom Wind oder Regen fortgetragen.

Venusfliegenfallen können älter als 20 Jahre werden.

Vermehrung

Aus den bestäubten Blüten entwickeln sich runde Samenkapseln. Die Samen reifen 4 bis 6 Wochen nach der Bestäubung. Venusfliegenfallen senden außerdem unterirdische Sprosse (Rhizome) aus. Diese brechen ab und entwickeln sich zu neuen Pflanzen.

Mehr erfahren

Viele Pflanzen haben ein freundlicheres Verhältnis zu Insekten – wie Orchideen (S. 58–59) und Rafflesien (S. 66–67).

Venusfliegenfalle

Diese fleischfressende Pflanze fängt ahnungslose Insekten und Spinnen, die zufällig auf ihre Blätter geraten. Diese sind zu gefährlichen Fallen umgebildet. Die Venusfliegenfalle verdaut ihre Beute und nimmt so wichtige Nährstoffe auf, die sie in den Moorböden, auf denen sie wächst, nicht findet.

Blüten bilden sich

Es dauert etwa 4 Jahre, bis die Pflanze zum ersten Mal blüht. Die Blüten öffnen sich an langen Stielen hoch über den Fallen. So werden Insekten, die die Blüten bestäuben, nicht versehentlich gefangen.

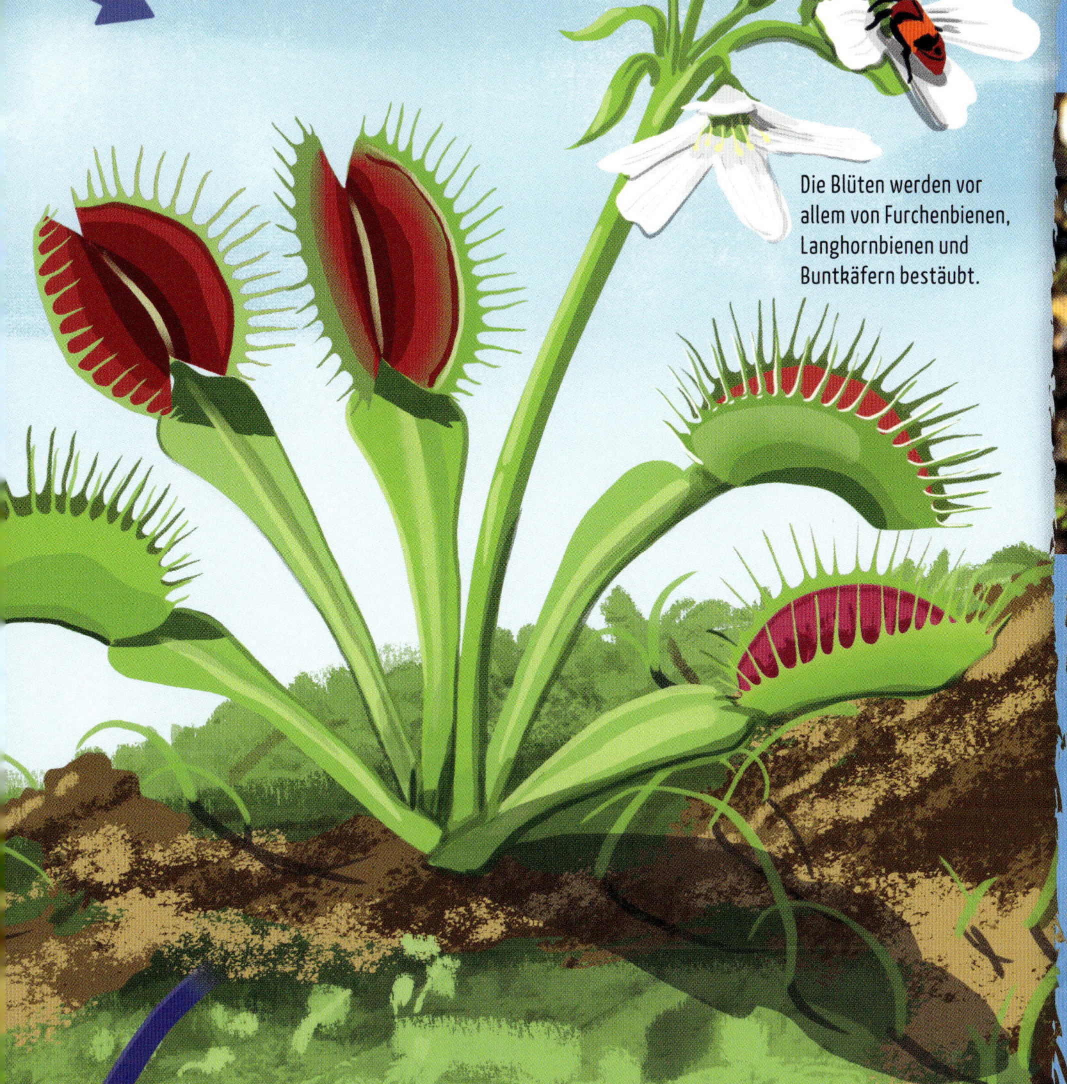

Die Blüten werden vor allem von Furchenbienen, Langhornbienen und Buntkäfern bestäubt.

Mimose Auch die Mimose ist eine sehr reizempfindliche Pflanze. Ihre Blätter klappen nach unten, wenn man sie berührt. Dann sieht die Pflanze kränklich und welk aus, und hungrige Tiere suchen sich lieber eine andere Mahlzeit.

Kannenpflanze

Ihre Blätter sind zu Kannen umgebildet. Insekten, die vom Nektar am Kannenrand angelockt werden, rutschen auf der glitschigen Oberfläche aus und stürzen in die Verdauungsflüssigkeit am Boden der Kannenfalle.

Würgefeige Anders als die Rafflesie ist die Würgefeige für ihre Wirtspflanze tödlich. Der Same keimt auf einem Ast hoch oben im Baum. Dann wachsen Wurzeln am Stamm entlang zum Boden hinab. Sie erdrücken den Baum, sodass dieser abstirbt.

Tarantulafalke Diese Wespe lähmt mit ihrem Stich eine Vogelspinne, legt ein Ei auf ihr ab und vergräbt sie. Die Wespenlarve frisst nach dem Schlupf die noch lebende Vogelspinne langsam von innen her auf. Danach verpuppt sie sich.

Die Knospe wächst

Das Geflecht breitet sich bis zu 18 Monate lang in der Liane aus. Zur Blütezeit zeigt sich eine kleine Knospe am Stamm. Es kann 9 Monate dauern, bis sie voll ausgebildet ist. Nach einiger Zeit ähnelt sie einem Kohlkopf.

Rafflesie

Die Riesenrafflesie bringt die größte Blüte im Pflanzenreich hervor. Meist riecht man sie, bevor man sie sieht, denn sie stinkt nach Aas. Diese erstaunliche Pflanze lebt als Parasit in den Wurzeln anderer Pflanzen, etwa von Lianen. Wenn sie nicht blüht, kann man sie nicht erkennen.

Eine Liane wird angezapft

Ein Same der Rafflesie landet auf den Wurzeln oder dem Stamm einer Liane. Er keimt und bildet ein feines Geflecht in der Liane aus, um Wasser und Nährstoffe aus dem Wirt aufzunehmen. Die Liane wird geschwächt, stirbt aber nicht ab.

Blätter der Wirtspflanze

Die Blüte öffnet sich

Die riesige Blüte verströmt einen fauligen Geruch nach verwesendem Fleisch. Er soll Aasfliegen zur Bestäubung anlocken. Die Fliegen lassen sich täuschen und besuchen die Blüte.

Die Blüte erreicht 1 Meter Durchmesser.

Fleischige Frucht

Nach einigen Tagen verwelkt die große Blüte und wird zu einer schleimigen schwarzen Masse. Die Frucht, die sich bildet, hat eine verholzte Schale und cremefarbenes Fruchtfleisch, in dem Tausende winziger Samen stecken.

Verbreitung der Samen

Spitzhörnchen und andere Tiere finden sich ein, um die Frucht zu fressen. Sie holen mit den Pfoten das Fruchtfleisch heraus und verspeisen es. Später verbreiten sie den Samen mit ihrem Kot im Wald.

Mehr erfahren

Viele Blüten werden von Insekten bestäubt, wie die der Kokospalme (S. 56–57) und der Venusfliegenfalle (S. 64–65).

Tiere

Die Lebenszyklen der Tiere sind so unterschiedlich wie die Tiere selbst. Manche Arten geben bei der Fortpflanzung Spermien und Eizellen ins Wasser ab und überlassen alles Weitere dem Zufall. Andere Tiere paaren sich. Viele Tierarten kümmern sich um ihre Jungen, damit sie einen guten Start ins Leben haben.

Krake

Kraken gehören zu den intelligentesten Tieren der Erde. Der Pazifische Riesenkrake lernt in Aquarien rasch, wie man den Deckel eines Glases öffnet. Und er findet auch den Weg durch ein Labyrinth, wenn Futter als Belohnung lockt. Kraken sind allerdings nicht sehr sozial, sondern Einzelgänger. Sie jagen verschiedene Meerestiere, auch kleinere Kraken.

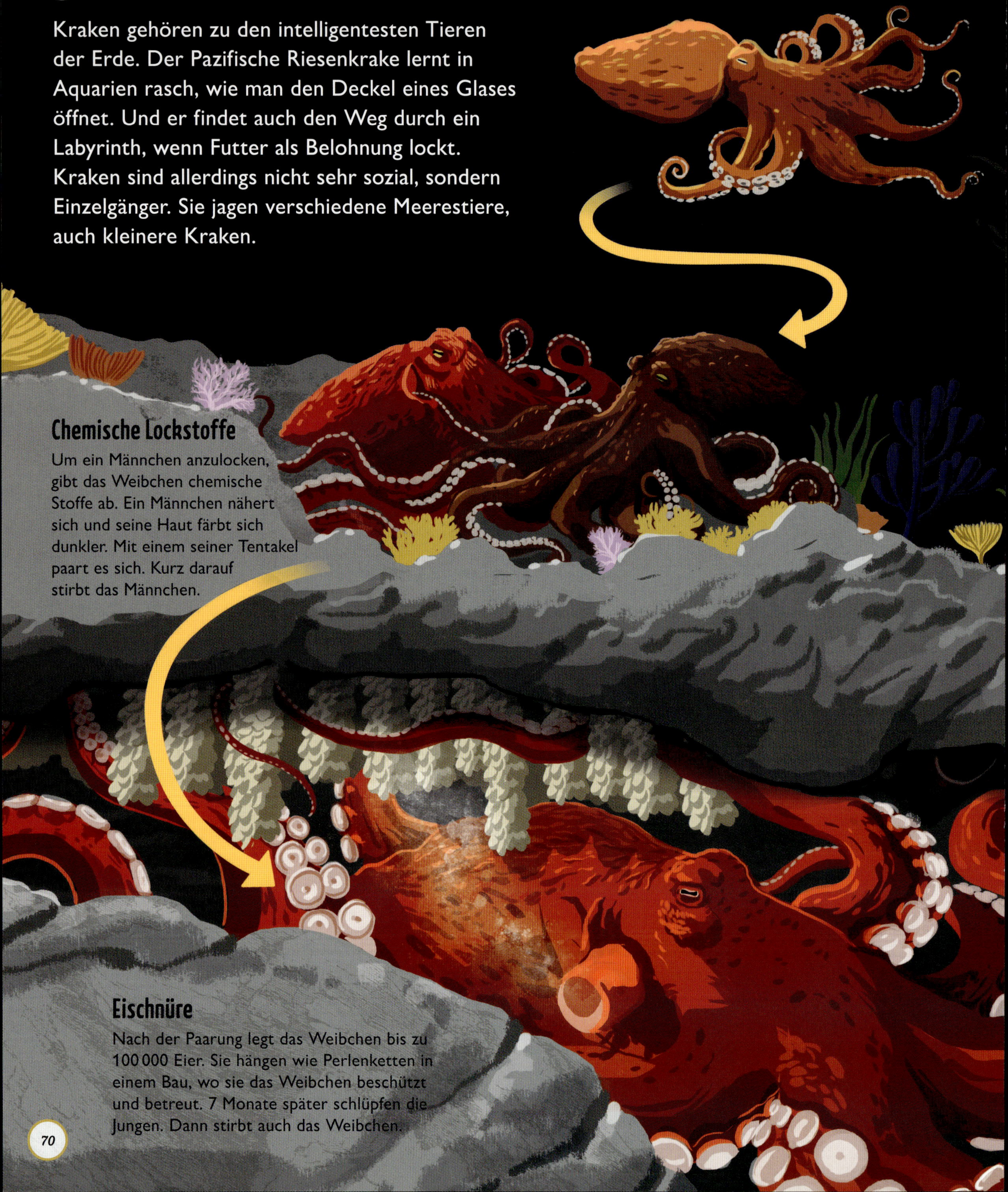

Chemische Lockstoffe

Um ein Männchen anzulocken, gibt das Weibchen chemische Stoffe ab. Ein Männchen nähert sich und seine Haut färbt sich dunkler. Mit einem seiner Tentakel paart es sich. Kurz darauf stirbt das Männchen.

Eischnüre

Nach der Paarung legt das Weibchen bis zu 100 000 Eier. Sie hängen wie Perlenketten in einem Bau, wo sie das Weibchen beschützt und betreut. 7 Monate später schlüpfen die Jungen. Dann stirbt auch das Weibchen.

Die Kraken wachsen heran

Die jungen Kraken werden größer. Im Alter von 3 bis 5 Jahren paaren sie sich. Ein ausgewachsenes Weibchen des Pazifischen Riesenkraken ist so kräftig, dass es mit seinen acht Armen Lasten von bis zu 320 kg bewegen kann, das ist so viel, wie ein Hausschwein ungefähr wiegt.

Mehr erfahren
Erkunde das Leben an einem Korallenriff (S. 72–73).

Kraken erbeuten Krabben und andere Meerestiere.

Die Jungen schlüpfen

Nach dem Schlüpfen schwimmen die kleinen Kraken zur Meeresoberfläche. Hier treiben sie als Teil des Planktons im Wasser. Nach einigen Monaten tauchen sie zum Meeresgrund hinab.

Karnevalstintenfisch Er ist das einzige Meerestier, das verschiedene Tierarten nachahmen kann, darunter auch giftige Seeschlangen. Dazu verändert der Tintenfisch seine Farbe, Körpergestalt und Hautstruktur.

Ader-Tintenfisch Das Tier kann auf nur zwei Tentakeln laufen. Mit den anderen sechs Tentakeln trägt es die Schale der Muschel oder Kokosnuss, in der es lebt.

Papierboot Dieser Tintenfisch legt seine Eier nicht in einer Höhle ab. Das Weibchen hat ein Gehäuse, das einem Schneckenhaus ähnelt. Es schützt die Eier.

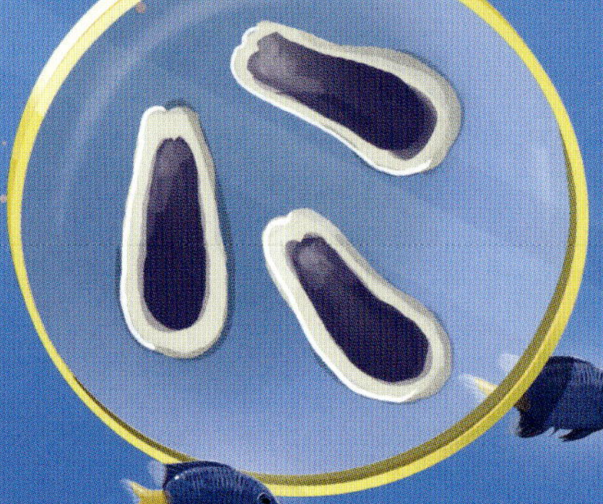

Jede Menge Eier

Jedes Jahr geben die Korallen in einer einzigen Nacht am Ende des Sommers gleichzeitig Milliarden Eizellen und Spermien ins Wasser ab. Deshalb ist die Wahrscheinlichkeit groß, dass viele Eizellen befruchtet werden.

Winzige Larven

Aus jeder befruchteten Eizelle wächst eine Larve heran, die wie eine Sandale geformt ist. Sie ist aber so winzig, dass man sie ohne Mikroskop nicht erkennen kann.

Koralle

Die Lebenszyklen mancher Tiere sind für einen ganzen Lebensraum wichtig. Korallen sehen aus wie Unterwasserpflanzen, aber es handelt sich um Kolonien bildende Nesseltiere. Sie bauen ein Korallenriff auf, das unzähligen Arten ein Zuhause bietet.

Mehr erfahren

Auch andere Tiere leben am Riff, z. B. Kraken (S. 70–71), Seepferdchen (S. 92–93) und Meeresschildkröten (S. 102–103).

Die Larven setzen sich fest

Die meisten Larven werden von Fischen und anderen Tieren gefressen, aber einige überleben und setzen sich am steinigen Grund fest. Sie verwandeln sich in kleine Tiere, die aussehen wie Blüten. Die sogenannten Polypen besitzen viele Tentakel.

Kolonie

Polypen können sich auch ungeschlechtlich durch Abschnürung vermehren. Die Klone bilden eine Kolonie. Um sich herum scheiden sie beständig Kalk ab und bauen sich daraus ein Skelett auf. Aus den Skeletten abgestorbener Polypen entstehen dann mit der Zeit riesige Korallenriffe.

Leben am Riff

Korallenriffe bieten sehr vielen Tieren Nahrung und Schutz, wie etwa Krabben, Seeanemonen und Fischen. Manche Korallen, wie die Hirschgeweihkoralle, sind verzweigt, während andere an riesige Felsen erinnern.

Partner Seeanemonen schützen mit ihren nesselnden Tentakeln Clownfische vor Feinden. Die Clownfische sind vor dem Nesselgift geschützt. Die Seeanemone ernährt sich im Gegenzug von Nahrungsresten des Clownfischs.

Imperator-Kaiserfisch Manche Fische verändern ihr Aussehen, während sie heranwachsen. Ein junger Imperator-Kaiserfisch ist völlig anders gemustert als ein erwachsener.

Korallenfarmen Leider sind viele Riffe wegen der Verschmutzung und Überfischung der Meere stark bedroht. Einige Forscher züchten deshalb Korallen in speziellen Anlagen im Meer.

Grüner Seeringelwurm Anders als bei Regenwürmern gibt es bei diesen Ringelwürmern Männchen und Weibchen. Sie leben am Strand und sterben nach der Paarung.

Gefleckte Weinbergschnecke
Auch diese Schnecken sind Zwitter. Sie stechen sich bei der Paarung kleine „Liebespfeile“ aus Kalk in den Fuß. Auf diese Weise wird ein Sekret übertragen, das die Befruchtung erleichtern soll.

Kaiserfisch Diese Fische kommen als Weibchen zur Welt und werden später zu Männchen. Das passiert meist, wenn ein altes Männchen stirbt. Ein jüngeres Männchen muss dann seine Nachfolge im Revier antreten.

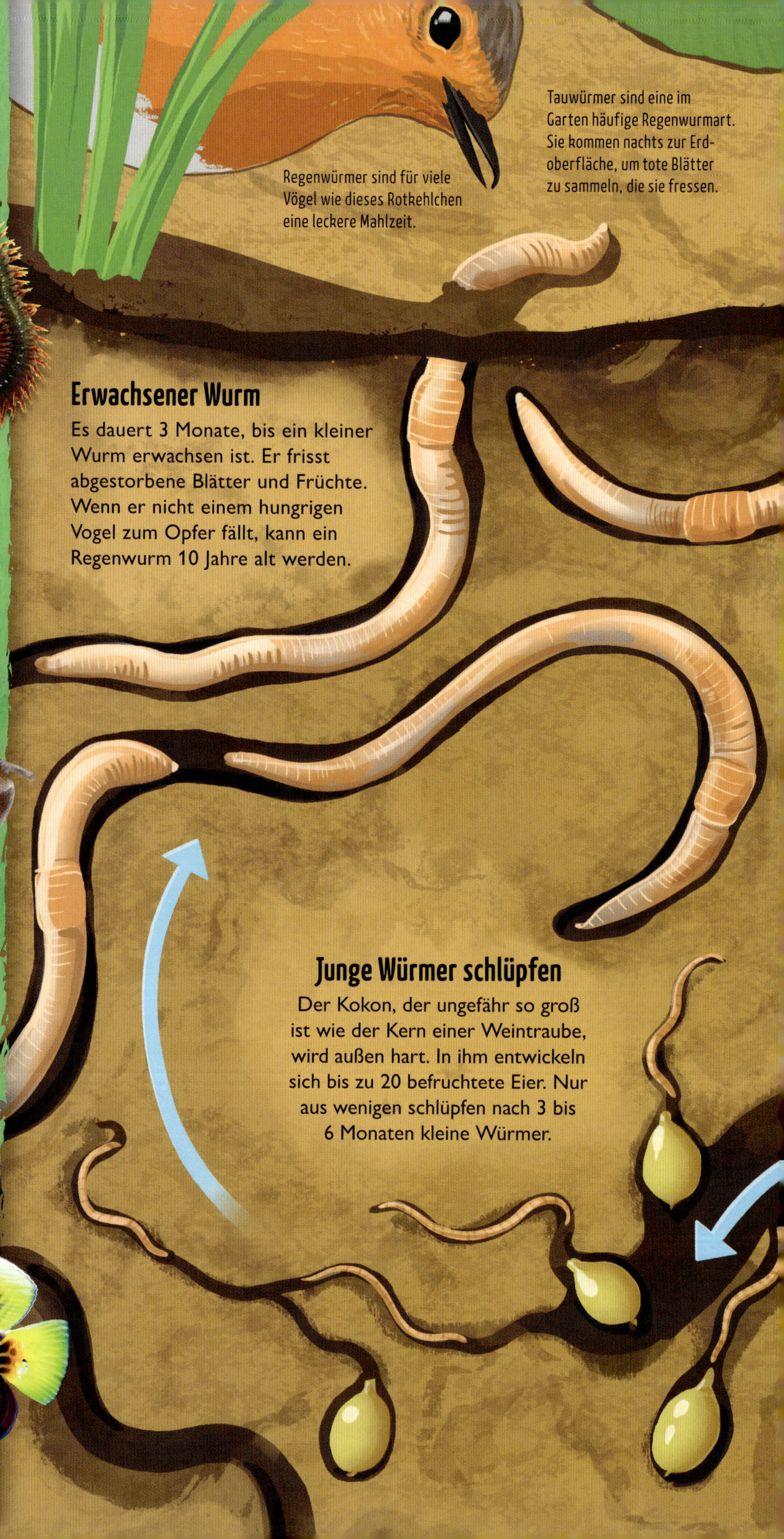

Regenwürmer sind für viele Vögel wie dieses Rotkehlchen eine leckere Mahlzeit.

Tauwürmer sind eine im Garten häufige Regenwurmart. Sie kommen nachts zur Erdoberfläche, um tote Blätter zu sammeln, die sie fressen.

Erwachsener Wurm

Es dauert 3 Monate, bis ein kleiner Wurm erwachsen ist. Er frisst abgestorbene Blätter und Früchte. Wenn er nicht einem hungrigen Vogel zum Opfer fällt, kann ein Regenwurm 10 Jahre alt werden.

Junge Würmer schlüpfen

Der Kokon, der ungefähr so groß ist wie der Kern einer Weintraube, wird außen hart. In ihm entwickeln sich bis zu 20 befruchtete Eier. Nur aus wenigen schlüpfen nach 3 bis 6 Monaten kleine Würmer.

Regenwurm

Regenwürmer verbringen fast ihr ganzes Leben verborgen unter der Erde, sodass sie uns meist nicht weiter auffallen. Dabei ist ihr Lebenskreislauf sehr interessant. Anders als die meisten Tiere sind Regenwürmer Zwitter. Jeder Regenwurm besitzt daher weibliche und männliche Geschlechtsorgane.

Wurm-Paarung

Jeder Regenwurm besitzt eine Art Gürtel, das Clitellum. Es sondert klebrigen Schleim ab. Bei der Paarung haften die Würmer deshalb aneinander. Sie tauschen gegenseitig Sperma aus, mit dem später ihre Eizellen befruchtet werden.

Regenwürmer paaren sich meist an der Erdoberfläche.

Clitellum

Sperma und Eizellen werden in Organen zwischen dem Clitellum und dem Kopf gebildet.

Das Sperma, das der Wurm bei der Paarung vom Partner erhalten hat, wird in Samentaschen im Körper gespeichert.

Im Kokon werden die Eizellen von den Samenzellen befruchtet.

Kokons für die Eier

Nach der Paarung bildet jeder Wurm mit seinem Clitellum einen Kokon aus Schleim. Der wandert über den Körper und nimmt das fremde Sperma und Eizellen auf. Der Kokon verschließt sich, wenn er den Kopf des Wurms passiert hat.

Die harte Hülle des Kokons schützt die kleinen Regenwürmer vor Fressfeinden und Parasiten.

Mehr erfahren

Auch Mammutbäume (S. 54–55), Löwenzahn (S. 60–61) und Eichen (S. 62–63) haben männliche und weibliche Geschlechtsorgane.

Spinne

Viele Spinnen produzieren Seide und weben daraus klebrige Netze, in denen sie Beute fangen. Das Netz der Gold-Wespenspinne sieht wie ein Rad mit Speichen aus. In ihm verfangen sich Fliegen, Heuschrecken, Wespen und andere Insekten. Vor allem die Weibchen weben jeden Tag ein neues Netz.

Gute Schwingungen

Wenn ein Männchen um ein Weibchen wirbt, zupft es an den Fäden ihres Netzes, sodass es vibriert. Wenn das Weibchen das Muster der Schwingungen mag, paart es sich mit ihm. Das Männchen stirbt nach der Paarung. Manchmal wird es vom Weibchen sogar aufgefressen.

Das Spinnennetz

Das Weibchen webt zunächst einen Rahmen und befestigt die Seidenfäden an Halmen oder Zweigen. Dann webt es eine Spirale aus trockener Seide für die Stabilität. Zuletzt kommt noch eine Spirale aus klebriger Seide dazu.

Geschenk Das Jagdspinnenmännchen überreicht vor der Paarung ein Futtergeschenk, das in Seide verpackt ist. Männchen ohne Geschenk werden oft vom Weibchen gefressen.

Weberknechte Das Weberknecht-Weibchen bündelt seine Eier mit Seidenfäden. Es trägt das Bündel in seinen Kiefern umher, bis die Jungen schlüpfen. In dieser Zeit kann es nichts fressen.

In Seide verpackt

Das Weibchen legt seine Eier auf eine Matte aus Seide und bedeckt sie mit Seidenfäden. Dann formt es aus dem Gebilde einen kugeligen Eikokon und befestigt ihn auf dem Netz.

Das Weibchen bewacht die Eier, solange es kann. Wenn es kälter wird, stirbt es.

Junge Spinnen

300 bis 400 winzige Jungspinnen schlüpfen aus dem Kokon. In kühleren Regionen bleiben Spinnen, die im Herbst schlüpfen, bis zum nächsten Frühling im Kokon, sodass sie nicht erfrieren.

Vom Wind verweht

Einige der kleinen Spinnen bleiben an Ort und Stelle. Andere spinnen einen Seidenfaden und lassen sich mit dem Wind an andere Plätze verwehen, wo es vielleicht nicht so viele Konkurrenten gibt.

Mehr erfahren

Auch die Königskobra (S. 104–105) ist giftig und bewacht ihre Eier.

Rote Röhrenspinne Wie bei vielen Spinnenarten sind die Männchen dieser Art viel kleiner als die Weibchen. Außerdem sind sie leuchtend rot mit schwarzen Flecken, während die Weibchen einfarbig schwarz sind.

Skorpion Frisch geschlüpfte Skorpione haben ein weiches Außenskelett und sind deshalb sehr verletzlich. Sie bleiben auf dem Rücken ihrer Mutter, bis das Außenskelett hart geworden ist.

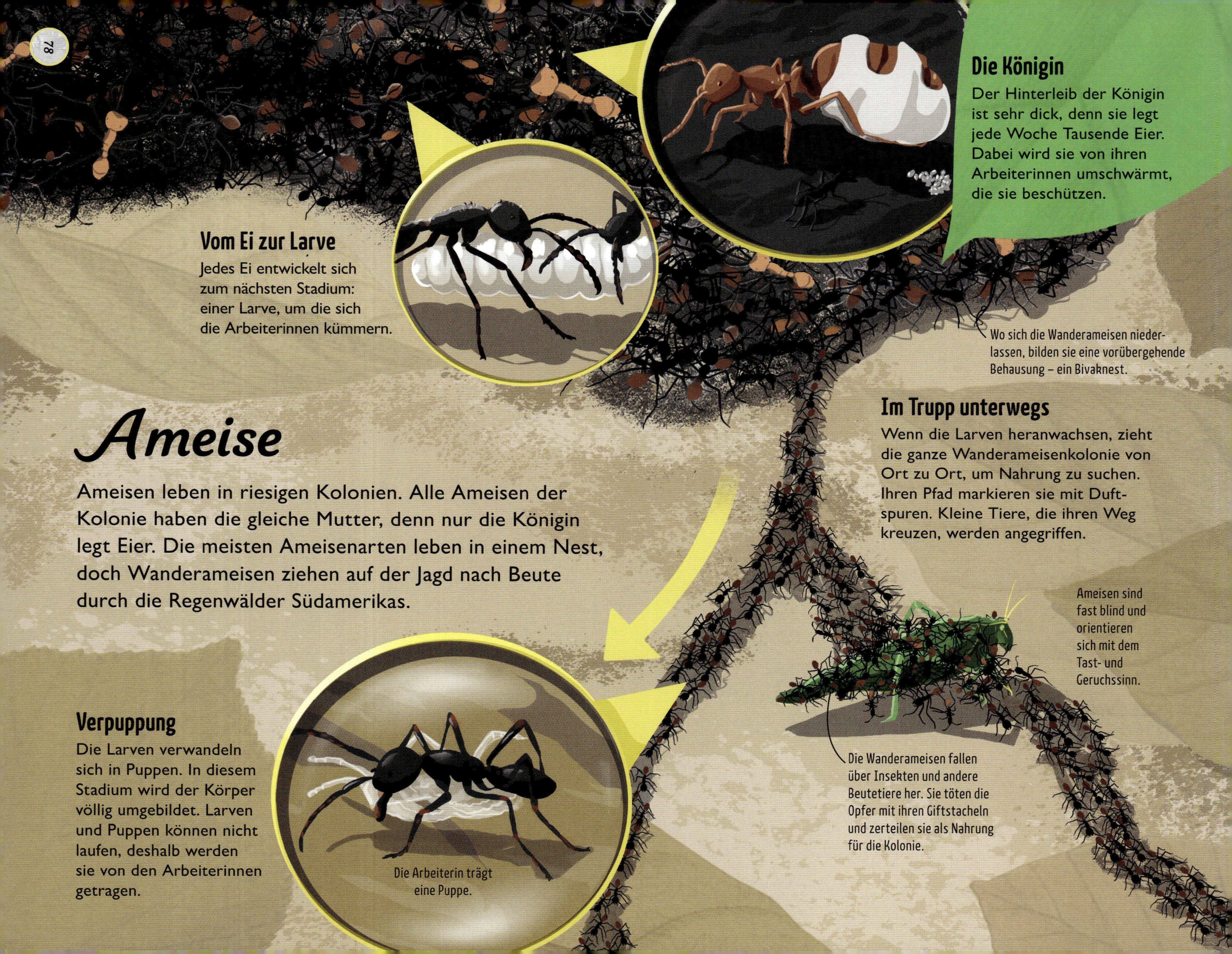

Ameise

Ameisen leben in riesigen Kolonien. Alle Ameisen der Kolonie haben die gleiche Mutter, denn nur die Königin legt Eier. Die meisten Ameisenarten leben in einem Nest, doch Wanderameisen ziehen auf der Jagd nach Beute durch die Regenwälder Südamerikas.

Die Königin

Der Hinterleib der Königin ist sehr dick, denn sie legt jede Woche Tausende Eier. Dabei wird sie von ihren Arbeiterinnen umschwärmt, die sie beschützen.

Vom Ei zur Larve

Jedes Ei entwickelt sich zum nächsten Stadium: einer Larve, um die sich die Arbeiterinnen kümmern.

Wo sich die Wanderameisen niederlassen, bilden sie eine vorübergehende Behausung – ein Bivaknest.

Im Trupp unterwegs

Wenn die Larven heranwachsen, zieht die ganze Wanderameisenkolonie von Ort zu Ort, um Nahrung zu suchen. Ihren Pfad markieren sie mit Duftspuren. Kleine Tiere, die ihren Weg kreuzen, werden angegriffen.

Ameisen sind fast blind und orientieren sich mit dem Tast- und Geruchssinn.

Die Wanderameisen fallen über Insekten und andere Beutetiere her. Sie töten die Opfer mit ihren Giftstacheln und zerteilen sie als Nahrung für die Kolonie.

Verpuppung

Die Larven verwandeln sich in Puppen. In diesem Stadium wird der Körper völlig umgebildet. Larven und Puppen können nicht laufen, deshalb werden sie von den Arbeiterinnen getragen.

Die Arbeiterin trägt eine Puppe.

Erwachsene Ameisen

Aus den Puppen entwickeln sich verschiedene Ameisen: weibliche Arbeiterinnen, Soldatinnen und männliche Drohnen. Jede Gruppe hat eine bestimmte Aufgabe.

Soldatin

Die erwachsenen Ameisen mit den größten Kiefern nennt man Soldatinnen. Sie sind Töchter der Königin und entwickeln sich aus befruchteten Eiern. Soldatinnen sind am aggressivsten und verteidigen die Kolonie mit ihren Kiefern.

Arbeiterin

Arbeiterinnen töten kleine Tiere als Nahrung für die Kolonie. Wenn die Kolonie weiterzieht, schleppt sie die Larven und Puppen mit. Wie Soldatinnen entwickeln sich Arbeiterinnen aus befruchteten Eiern.

Drohne

Die Königin legt auch unbefruchtete Eier. Aus ihnen entwickeln sich Söhne, die man Drohnen nennt. Sie haben Flügel und können zu anderen Kolonien fliegen. Dort paaren sie sich mit den fremden Königinnen.

Mehr erfahren
Lies nach, wie sich andere Insekten vermehren, z. B. Schmetterlinge (S. 80–81) oder Libellen (S. 82–83).

Honigbienen Die Bienenkolonie lebt in einem Bienenstock. Die Bienen ernähren sich von Nektar und Pollen.

Faltenwespen Viele Wespen bauen Nester aus zerkauten Pflanzenfasern, die sie mit Speichel mischen. Die Mischung wird in der Sonne hart.

Lehmwespen Diese Wespen bauen Nester aus Schlamm und Lehm. Wenn er trocknet, entsteht ein hartes kleines Gefäß.

Schmetterling

Ein Schmetterling sieht der Raupe, die er einmal war, überhaupt nicht mehr ähnlich. Denn diese Insekten machen eine vollständige Verwandlung durch, die man als Metamorphose bezeichnet. Der Monarchfalter durchläuft vier Stadien: Aus dem Ei schlüpft die Raupe, die zur Puppe und schließlich zum erwachsenen Insekt wird.

Die Raupe

Die Raupen des Monarchfalters fressen nur die Blätter verschiedener Seidenpflanzenarten. Wenn die Raupe wächst, muss sie sich mehrmals häuten. Die alte Haut platzt auf und die Raupe streift sie ab.

Die Puppe

Nach etwa 2 Wochen ist die Raupe ausgewachsen. Sie häutet sich zum fünften und letzten Mal, bevor sie sich in eine Puppe verwandelt. In der Puppenhülle entwickelt sie sich zum Insekt mit Flügeln.

Die Raupen schlüpfen

Einige Tage nach der Eiablage schlüpfen winzige Räupchen. Sie fressen zuerst ihre Eihülle und dann die Blätter der Seidenpflanze.

Mehr erfahren

Informiere dich über die Verwandlung von Ameisen (S. 78–79) und Libellen (S. 82–83).

Bald entfalten sich die Flügel und trocknen.

Der Schmetterling

Nach weiteren 8 bis 14 Tagen platzt die Puppenhülle auf und der Schmetterling schlüpft. Nach ungefähr einer Stunde kann er fliegen. Jetzt frisst das Insekt keine Blätter mehr, sondern es trinkt mit seinem Saugrüssel Nektar.

Monarchfalter können 3 bis 8 Tage nach dem Schlupf aus der Puppe Eier legen.

Monarchfalter ziehen bis zu 5000 Kilometer weit von Kanada nach Mexiko.

Eier legen

Die Weibchen legen nach der Paarung Eier. Sie sind so groß wie Stecknadelköpfe und werden einzeln an die Blätter von Seidenpflanzen geheftet. Ein Monarchfalterweibchen legt während seines Lebens etwa 300 bis 500 Eier.

Schmetterlingswanderung Im Herbst ziehen Millionen Monarchfalter von Kanada und den USA in den Süden, um den Winter in Mexiko zu verbringen, wo sie sich an Baumstämmen eng zusammendrängen. Im Frühjahr ziehen sie dann wieder nach Norden.

Kokons aus Seide Auch Nachtfalter machen eine vollständige Verwandlung durch, sind dabei aber nicht nur von einer dünnen Puppenhülle umgeben. Vielmehr spinnt sich die Raupe einen Kokon aus Seide, der die Puppe ganz umhüllt und schützt.

Flügel trocknen lassen

Die Libelle wartet, bis ihre Beine und die Flügel in der Sonne getrocknet sind. Dann jagt sie Beute wie Mücken, Fliegen und Schmetterlinge. Und sie macht sich auf die Suche nach einem Partner.

Libelle

Libellen wie die Amerikanische Königslibelle schwirren an Bächen, Teichen und Seen pfeilschnell durch die Luft. Die Libellenlarven sehen ähnlich aus wie ihre Eltern, aber sie haben noch keine Flügel. Sie häuten sich mehrmals, wenn sie sich in erwachsene Libellen verwandeln. Man bezeichnet das als unvollständige Verwandlung, bei der keine Verpuppung stattfindet.

Der Körper der Libelle ist noch weich. Vorsichtig zieht sie ihren Hinterleib aus der alten Haut.

Die Libelle schlüpft

Die Larve verlässt das Wasser, um sich ein letztes Mal zu häuten. Sie bläht ihr Außenskelett auf, sodass es aufplatzt. Dann schlüpft die erwachsene Libelle heraus.

Oft klettert die Larve an einem Pflanzenstängel aus dem Wasser.

Libellen können mit ihren kräftigen Flügeln bis zu 50 Stundenkilometer schnell fliegen.

Häutung

Die Larve hat ein robustes Außenskelett. Das muss sie regelmäßig abwerfen und durch ein neues, größeres ersetzen. Das bezeichnet man als Häutung.

Die Flügel entwickeln sich, aber sie sind noch in Flügelanlagen verborgen.

Mehr erfahren

Auch die Gottesanbeterin (S. 84–85) durchläuft eine unvollständige Verwandlung.

Paarung

Bei der Paarung hält das Männchen das Weibchen mit der Hinterleibszange am Hinterkopf fest. Das Weibchen biegt seinen Hinterleib so, dass das Männchen die Eier befruchten kann.

Libellen paaren sich an einem Ansitz oder im Flug.

Eier ablegen

Das Weibchen legt seine Eier in kleine Schlitze, die es in den Stängel einer Wasserpflanze geritzt hat. Oft hält das Männchen es dabei fest.

Die Larve schlüpft

Aus dem Ei schlüpft eine Larve. Sie atmet mit Kiemen, die im Hinterleib sitzen und lebt Monate oder sogar jahrelang im Wasser.

Die Larve erbeutet kleine Fische, Kaulquappen und Insektenlarven.

Urzeitliche Verwandte Man hat schon etwa 300 Mio. Jahre alte versteinerte Libellen gefunden. Einige Libellen der Urzeit waren mit Flügelspannweiten von bis zu 60 cm sehr groß.

Mücke Auch Mückenlarven leben im Wasser. Aber anders als Libellen durchlaufen sie eine vollständige Verwandlung. Sie werden zu Puppen, die an der Wasseroberfläche treiben. Aus der Puppenhülle schlüpft die geflügelte Mücke.

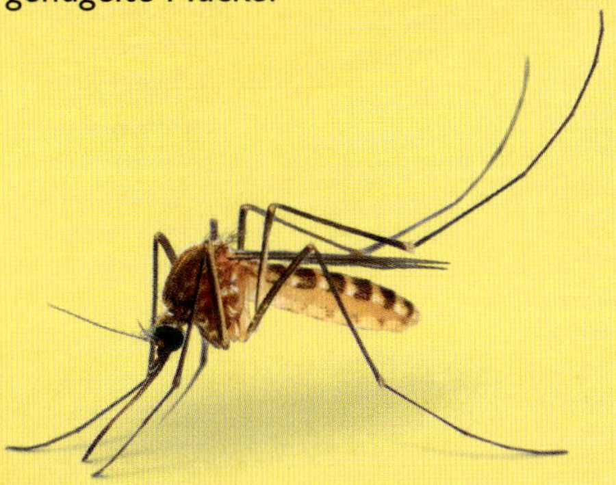

Eintagsfliege Eintagsfliegenlarven leben ebenfalls im Wasser. Die geflügelten Eintagsfliegen leben oft nur einen Tag lang. Sie nehmen keine Nahrung mehr auf, paaren sich und sterben danach.

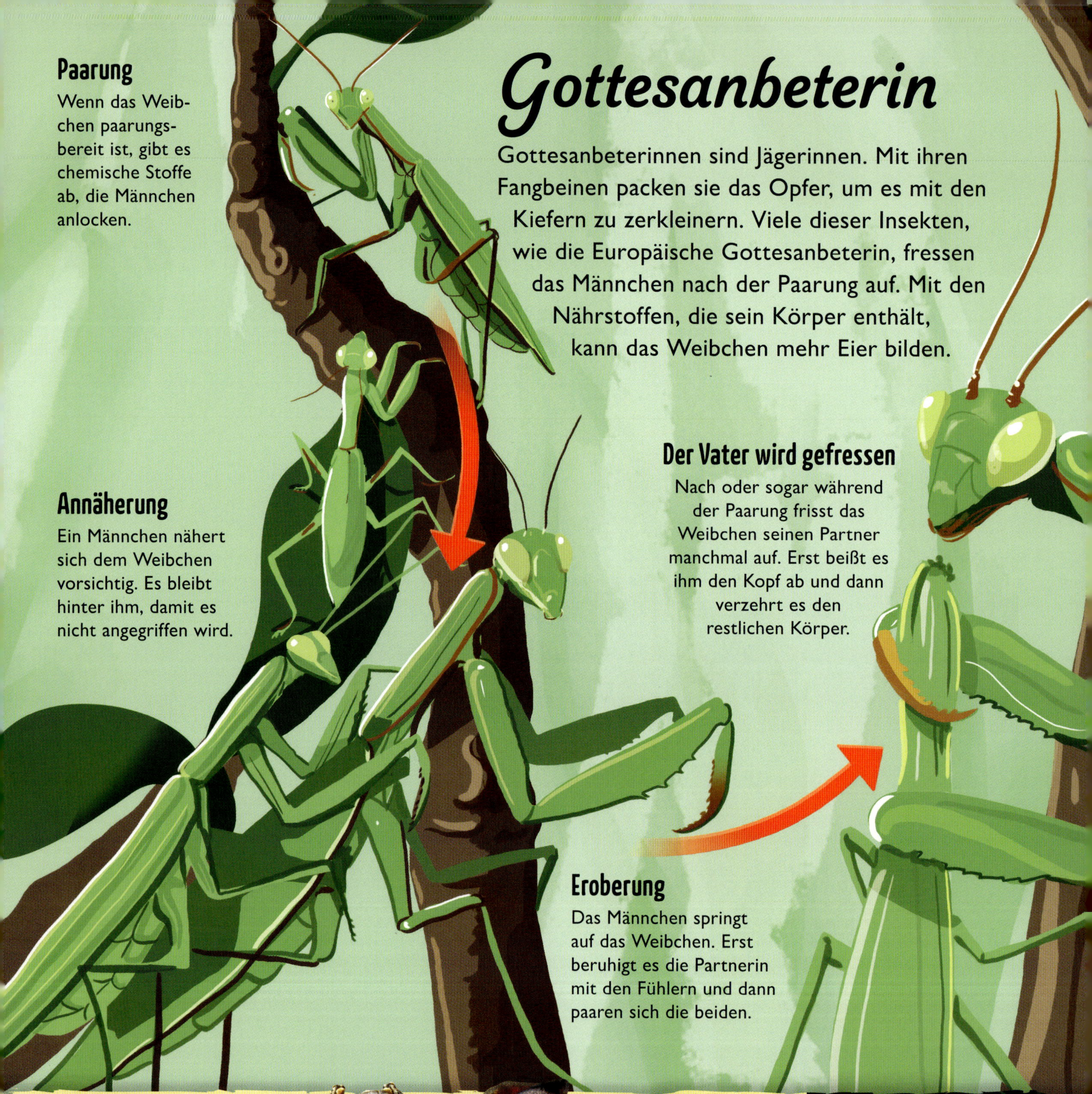

Gottesanbeterin

Gottesanbeterinnen sind Jägerinnen. Mit ihren Fangbeinen packen sie das Opfer, um es mit den Kiefern zu zerkleinern. Viele dieser Insekten, wie die Europäische Gottesanbeterin, fressen das Männchen nach der Paarung auf. Mit den Nährstoffen, die sein Körper enthält, kann das Weibchen mehr Eier bilden.

Paarung
Wenn das Weibchen paarungsbereit ist, gibt es chemische Stoffe ab, die Männchen anlocken.

Annäherung
Ein Männchen nähert sich dem Weibchen vorsichtig. Es bleibt hinter ihm, damit es nicht angegriffen wird.

Eroberung
Das Männchen springt auf das Weibchen. Erst beruhigt es die Partnerin mit den Fühlern und dann paaren sich die beiden.

Der Vater wird gefressen
Nach oder sogar während der Paarung frisst das Weibchen seinen Partner manchmal auf. Erst beißt es ihm den Kopf ab und dann verzehrt es den restlichen Körper.

Abschreckung Bei Bedrohung richten sich viele Gottesanbeterinnen auf und spreizen ihre Fangbeine und Flügel ab, um größer und gefährlicher auszusehen. Manche Feinde schreckt dieses Verhalten ab.

Keine Jungs Einige Gottesanbeterinnen wie diese amerikanische Art vermehren sich durch Jungfernzeugung, auch Parthenogenese genannt. Die Jungen sind kleine Klone (Ebenbilder) ihrer Mutter – also ausnahmslos Weibchen.

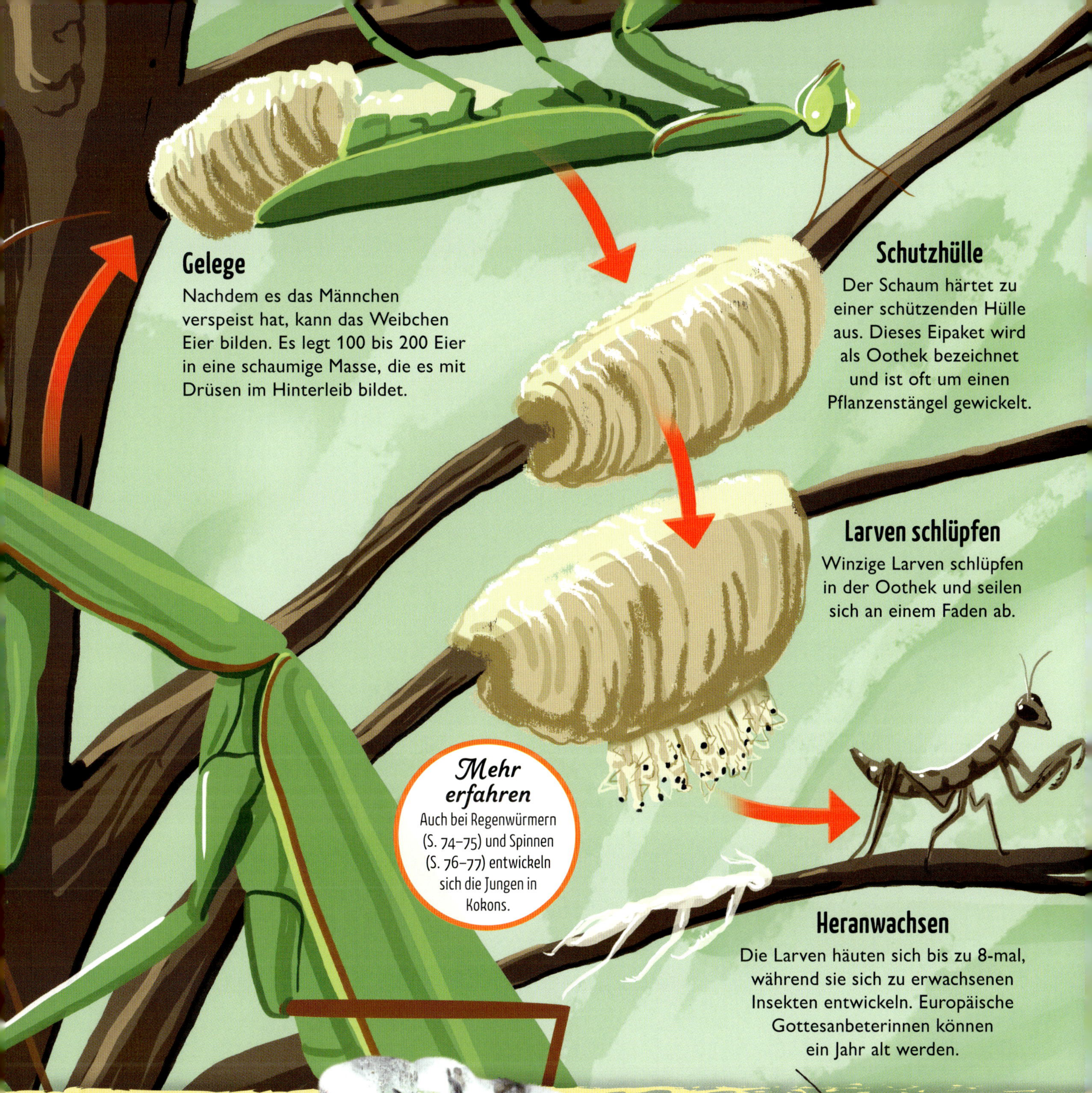

Gelege

Nachdem es das Männchen verspeist hat, kann das Weibchen Eier bilden. Es legt 100 bis 200 Eier in eine schaumige Masse, die es mit Drüsen im Hinterleib bildet.

Schutzhülle

Der Schaum härtet zu einer schützenden Hülle aus. Dieses Eipaket wird als Oothek bezeichnet und ist oft um einen Pflanzenstängel gewickelt.

Larven schlüpfen

Winzige Larven schlüpfen in der Oothek und seilen sich an einem Faden ab.

Mehr erfahren

Auch bei Regenwürmern (S. 74–75) und Spinnen (S. 76–77) entwickeln sich die Jungen in Kokons.

Heranwachsen

Die Larven häuten sich bis zu 8-mal, während sie sich zu erwachsenen Insekten entwickeln. Europäische Gottesanbeterinnen können ein Jahr alt werden.

Aufopfernde Mutter Das Kellerspinnen-Weibchen opfert sich für ihre Kinder. Die jungen Spinnen nehmen wertvolle Nährstoffe auf, wenn sie ihre Mutter auffressen, und entwickeln sich dann schneller.

Schwarze Witwe Das Weibchen dieser Art frisst das viel kleinere Männchen manchmal nach der Paarung auf. Männchen wählen oft Partnerinnen aus, die bereits satt sind. Dann ist die Gefahr geringer, dass sie selbst verspeist werden.

Leben im Wasser

Wasser bedeckt fast drei Viertel der Erdoberfläche und in den Ozeanen haben sich die ersten Lebewesen entwickelt. Daher ist es keine Überraschung, dass so viele Arten im Wasser leben. Die meisten atmen mit Kiemen. Diejenigen, die Luft atmen, müssen regelmäßig zur Wasseroberfläche kommen.

Süßwasser

Viele Seekühe leben in Flüssen.

Flüsse

Der Regen sammelt sich in Bachläufen und Flüssen, die schließlich ins Meer münden. In allen Abschnitten eines Gewässers gibt es Leben, vom talwärts stürzenden Gebirgsbach bis in die breiten, langsam fließenden Flüsse und Ströme der Ebenen.

Gelbrandkäfer gibt es auch in kleinen Teichen.

Sümpfe und Marschen

Manche Wasserpflanzen wurzeln am Grund von Tümpeln und Teichen, während andere an der Wasseroberfläche treiben. Sümpfe und Marschen bieten Räubern und Beutetieren viel Deckung.

Teiche und Seen

Viele Tiere leben in Teichen und Tümpeln. Wenn diese Gewässer austrocknen, sterben viele von ihnen. Andere kommen in Seen vor, die so groß sind, dass man das andere Ufer nicht sehen kann.

Kaimane jagen an den sumpfigen Ufern des Amazonas in Südamerika Fische und Wasservögel.

Korallenriffe

Kleine Korallenpolypen leben in Kolonien und bauen mit ihren kalkhaltigen Skeletten das Riff auf. Korallenriffe gibt es vor allem an den Küsten warmer Meere. In keinem anderen Lebensraum der Ozeane kommen so viele verschiedene Arten vor.

Mangrovensümpfe

Mangrovenbäume wachsen im Gezeitenbereich von Küsten tropischer Meere. Salzwasser, Sumpf und dichtes Wurzelwerk bieten einen einzigartigen Lebensraum für Land- und Meerestiere.

Riesige Schwämme leben zwischen den Korallen am Riff.

Robben tauchen in Löchern in der Eisdecke auf, um Luft zu atmen.

Polarmeere

An den Polen sind die Sonnenstrahlen so schwach, dass es nicht sehr warm wird. Die Meere sind so kalt, dass das Wasser an der Oberfläche gefriert. Fische, Robben und Wale leben unter dem Eis im nährstoffreichen Wasser, denn hier wimmelt es von kleinen Lebewesen, die ihre Nahrung bilden.

Salzwasser

Tiefsee

Die Tiefsee ist der größte Lebensraum der Erde. Hier ist es kalt und dunkel, denn in solch große Tiefe dringt kein Sonnenlicht. Trotzdem gibt es hier Leben.

Der Peitschennasen-Angler lebt in der Tiefsee und lockt mit seiner leuchtenden Angel Beute an.

Das offene Meer

Winzige Algen treiben auf der Oberfläche des Meeres. Sie sind die Nahrung von Fischen, Walen und anderen Meerestieren. Im offenen Wasser gibt es keine Verstecke. Tiere müssen gut getarnt oder sehr schnell sein, um Feinden zu entkommen oder Beute zu machen.

Schwertwale sind große Räuber. In Gruppen jagen sie Robben und andere Beutetiere.

Strände und Küsten

Manche Tiere an der Küste bevorzugen Felsenstrände. Andere kommen an Sandstränden oder im Watt vor. Alle Tiere an der Küste müssen sich auf Ebbe und Flut einstellen.

Bei Ebbe bilden sich Gezeitentümpel an Felsküsten, in denen Seeanemonen und Krebse leben.

Hai

Zitronenhai-Weibchen bringen wie die meisten Haie weit entwickelte Junge zur Welt. Sie können gleich schwimmen. Die Junghaie werden in bestimmten Gebieten geboren, wie in Mangrovenwäldern an der Küste. Hier gibt es viel Nahrung, sodass ihre Überlebenschancen größer sind.

Fortpflanzung

Die Männchen und Weibchen ziehen von ihren Nahrungsgewässern über weite Strecken zu speziellen Fortpflanzungsgebieten. Dort sammeln sie sich in großen Gruppen.

Hai-Pärchen

Zitronenhaie paaren sich im seichten Wasser. Während das Männchen neben dem Weibchen schwimmt, packt es dessen Brustflosse mit dem Maul, um es zur Paarung an sich zu ziehen.

Sichere Kinderstube

Nach 10 bis 12 Monaten kommen die Jungen zur Welt. Die Weibchen schwimmen zu den Rändern der Mangrovenwälder. Dort verbringen die Jungen ihre ersten Jahre.

Geburt

Die Mutter kann pro Wurf bis zu zehn kleine Haie gebären. Sie erscheinen mit dem Schwanz voran und sind noch über eine Nabelschnur mit ihr verbunden. Wenn sie fortschwimmen, zerreißt diese Schnur.

Hai-Eier Einige Haie legen Eier. Sie haben eine ledrige Hülle und Ranken und heften sich an Korallen oder Tange. Die Mutter bewacht ihre Eier nicht.

Sandtigerhai Das erste Junge, das sich im Körper des Sandtigerhai-Weibchens entwickelt, frisst seine ungeborenen Brüder und Schwestern auf. Dann verzehrt es auch noch die restlichen Eier im Leib seiner Mutter.

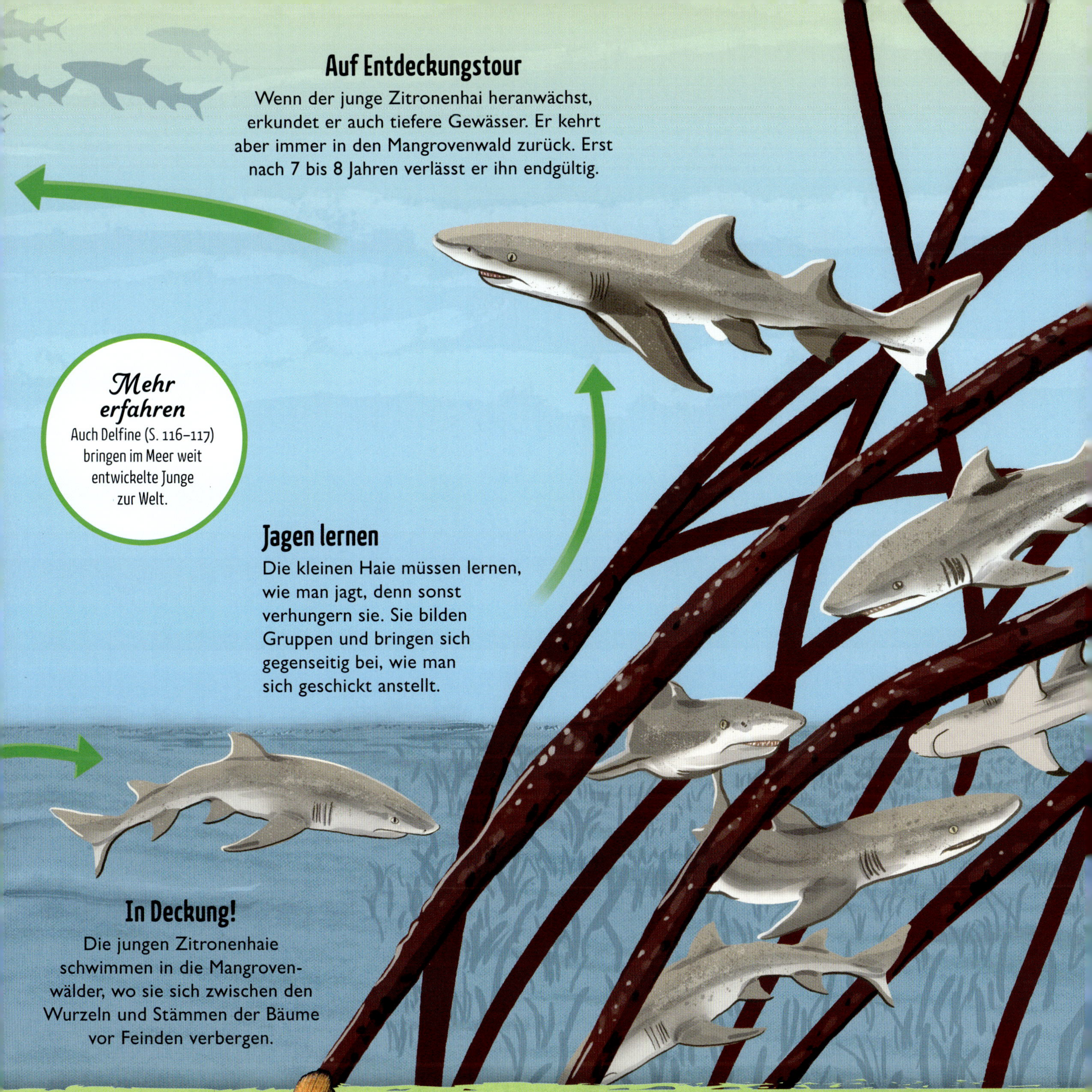

Auf Entdeckungstour

Wenn der junge Zitronenhai heranwächst, erkundet er auch tiefere Gewässer. Er kehrt aber immer in den Mangrovenwald zurück. Erst nach 7 bis 8 Jahren verlässt er ihn endgültig.

Mehr erfahren

Auch Delfine (S. 116–117) bringen im Meer weit entwickelte Junge zur Welt.

Jagen lernen

Die kleinen Haie müssen lernen, wie man jagt, denn sonst verhungern sie. Sie bilden Gruppen und bringen sich gegenseitig bei, wie man sich geschickt anstellt.

In Deckung!

Die jungen Zitronenhaie schwimmen in die Mangrovenwälder, wo sie sich zwischen den Wurzeln und Stämmen der Bäume vor Feinden verbergen.

Fledermausfische Wie junge Zitronenhaie suchen Rundkopf-Fledermausfische in Mangrovenwäldern Schutz. Die rostbraunen Fische treiben im Wasser und sehen dabei aus wie tote Blätter. Deshalb werden Feinde nicht auf sie aufmerksam.

Schlammspringer Diese Fische sind in Mangrovenwäldern häufig. Das Weibchen legt seine Eier in einen Bau und verschwindet dann. Das Männchen bewacht nun den Bau, damit keine Feinde eindringen, um die Eier aufzufressen.

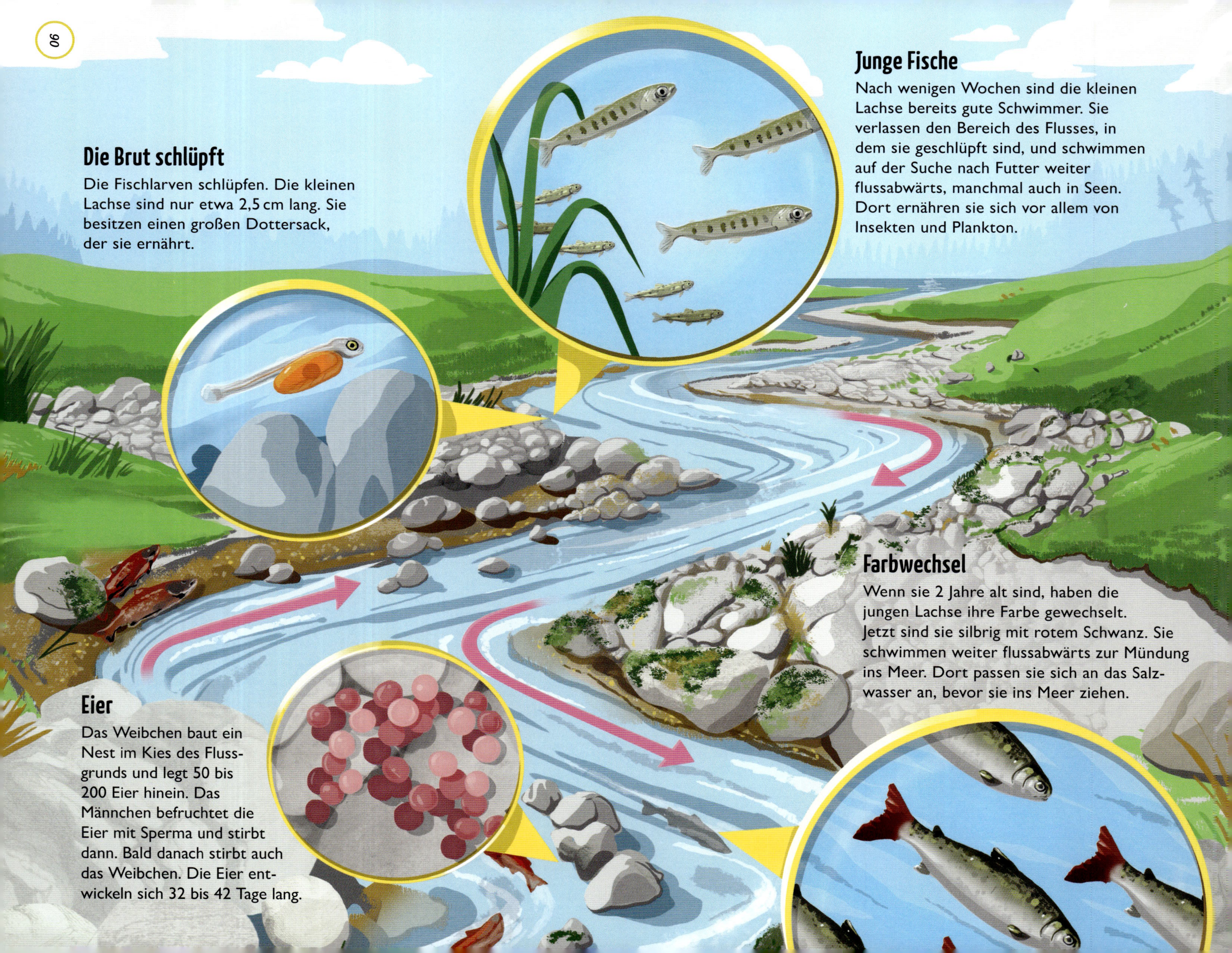

Die Brut schlüpft

Die Fischlarven schlüpfen. Die kleinen Lachse sind nur etwa 2,5 cm lang. Sie besitzen einen großen Dottersack, der sie ernährt.

Junge Fische

Nach wenigen Wochen sind die kleinen Lachse bereits gute Schwimmer. Sie verlassen den Bereich des Flusses, in dem sie geschlüpft sind, und schwimmen auf der Suche nach Futter weiter flussabwärts, manchmal auch in Seen. Dort ernähren sie sich vor allem von Insekten und Plankton.

Farbwechsel

Wenn sie 2 Jahre alt sind, haben die jungen Lachse ihre Farbe gewechselt. Jetzt sind sie silbrig mit rotem Schwanz. Sie schwimmen weiter flussabwärts zur Mündung ins Meer. Dort passen sie sich an das Salzwasser an, bevor sie ins Meer ziehen.

Eier

Das Weibchen baut ein Nest im Kies des Flussgrunds und legt 50 bis 200 Eier hinein. Das Männchen befruchtet die Eier mit Sperma und stirbt dann. Bald danach stirbt auch das Weibchen. Die Eier entwickeln sich 32 bis 42 Tage lang.

Flussaufwärts

Um zu laichen, schwimmen Lachse zurück in den Fluss, in dem sie selbst aus dem Ei schlüpften. Sie springen flussaufwärts über Wasserfälle und weichen hungrigen Bären aus. Die Lachse, die das überleben, sind völlig erschöpft.

Lachs

Rotlachse machen in ihrem Leben viele Veränderungen durch. Von einem Fluss ziehen sie ins Meer und später wieder in den Fluss zurück. Zunächst fressen sie Insekten und dann Plankton. Und sie wechseln auch ihre Farbe: Zuerst sind sie hellgrün, dann silbrig blau und schließlich rot.

Im Meer

Wenn die Junglachse das Meer erreichen, sind sie erwachsen geworden. Sie verbringen nun bis zu 4 Jahre im Meer und ernähren sich von Kleinstlebewesen. Rotlachse kommen im Pazifischen Ozean in Tiefen von 15–33 m vor.

Mehr erfahren

Auch der Krake (S. 70–71) stirbt, nachdem er sich fortgepflanzt hat.

Grizzlybär Diese großen Bären fressen gern Lachse. Wenn die Fische flussaufwärts schwimmen, um zu laichen, warten die hungrigen Bären schon in den Flüssen auf sie.

Aale Anadrome Fische wie der Lachs wandern zum Laichen vom Meer ins Süßwasser. Katadrome Fische wie der Europäische Aal machen es umgekehrt: Sie schwimmen vom Süßwasser ins Meer.

Hundertjährige Agave Lachse pflanzen sich nur einmal im Leben fort. Auch bei Pflanzen kommt das vor: Die Hundertjährige Agave blüht nur einmal und stirbt dann ab.

Seepferdchen

Seepferdchen sind sehr ungewöhnliche Fische. Das Gefleckte Seepferdchen hat statt Schuppen einen Panzer. Seine Augen kann es unabhängig voneinander bewegen und es schwimmt sehr langsam. Mit dem Schwanz kann es sich an Pflanzen oder am Partner festhalten. Am seltsamsten ist aber, dass der Vater die Eier in seiner Bauchtasche beschützt und die Jungen zur Welt bringt.

Bei der Balz halten sich die Tiere oft mit den Schwänzen aneinander fest.

Balztänze

Wenn ein Weibchen bereit ist, sich zu paaren, nähert es sich dem Männchen und beginnt zu tanzen. Es nickt ihm mit dem Kopf zu. Daraufhin bläht das Männchen seine Bauchtasche auf.

Seepferdchen tanzen manchmal tagelang miteinander.

Nachdem das Weibchen die Eier übergeben hat, ist es dünner und das Männchen dicker.

Ei-Übergabe

Der Balztanz endet damit, dass das Weibchen die Eier an das Männchen übergibt. Es steckt eine Art Schlauch in die Bauchtasche des Männchens und legt die Eier dort ab. Hier werden sie auch befruchtet.

Schwangeres Männchen

Die Bauchtasche des Männchens ähnelt in mancher Hinsicht der Gebärmutter weiblicher Säugetiere. Das Männchen bildet Nährstoffe für die Eier, die sich in der Bauchtasche entwickeln.

Heranwachsen

Da sich Seepferdchen nicht um ihre Jungen kümmern sind diese sofort selbstständig. Doch viele werden von anderen Tieren gefressen. Die Jungen, die überleben, sind in etwa 4 Monaten ausgewachsen. Seepferdchen können 5 Jahre alt werden.

Die Jungen sind nur etwa 7 mm lang.

Der Vater bringt die Jungen meist nachts zur Welt, oft bei Vollmond.

Die kleinen Seepferdchen sind Teil des Zooplanktons, das im Meer treibt.

Die Geburt

Nach einigen Wochen schlüpfen die Jungen. Dann zieht sich der Körper des Männchens mehrere Stunden lang immer wieder zusammen. Bis zu 200 winzige Seepferdchen werden ausgestoßen.

Dickbauchseepferdchen Dieses australische Seepferdchen gehört zu den größten Arten der Seepferdchen. Wie der Name schon sagt, hat es einen sehr dicken Bauch.

Pygmäenseepferdchen Das rosa Seepferdchen ist zwischen den Korallen in seinem Lebensraum gut getarnt.

Brunnenbauer Das Männchen dieser Fischart bringt weit entwickelte Junge zur Welt. Es brütet die Eier im Maul etwa 10 Tage lang aus und entlässt den Nachwuchs dann ins Wasser.

Mehr erfahren

Bei vielen Tierarten, wie auch dem Erdbeerfröschchen (S. 94–95), sind die Männchen gute Väter.

Frosch

Viele Frösche sind gute Eltern. Sie verhindern mit viel Aufwand, dass die Eier und Kaulquappen austrocknen. Wie die meisten Amphibien verbringen sie einen Teil ihres Lebenskreislaufs im Wasser oder sind zumindest auf ausreichend Wasser angewiesen. Das kann schwierig sein, wie in den tropischen Regenwäldern Zentralamerikas, wo die Erdbeerfröschchen leben.

Paarung

Das Männchen lockt mit seinen Rufen ein Weibchen an und die Partner nähern ihre Körper eng aneinander an. Das Weibchen legt nun Eier auf einem Bromelienblatt ab, die das Männchen mit seinem Sperma befruchtet.

Froschlaich

Das Männchen bewacht die Eier und hält sie mit Urin sauber und feucht, bis die Kaulquappen schlüpfen.

Die bunten Farben sind eine Warntracht, denn die Froschhaut enthält tödliche Gifte.

Kaulquappen-Transport

Das Weibchen kommt zurück, wenn die Kaulquappen schlüpfen. Einzeln transportiert es sie auf dem Rücken zu wassergefüllten Bromelientrichtern und lässt sie in die Tümpel hineinrutschen.

Mehr erfahren
Lies nach, wie sich verschiedene Insekten verwandeln (S. 78–85).

Manche Froscharten legen Tausende Eier auf einmal.

Die Gliedmaßen wachsen

Die junge Kaulquappe hat Kiemen wie ein Fisch und einen langen Schwanz. Sie ernährt sich von unbefruchteten Froscheiern. Nach einigen Wochen wachsen zuerst die Hinter- und dann die Vorderbeine.

Kleines Fröschchen

Die Kaulquappe bildet ihre Kiemen zurück und entwickelt Lungen, sodass sie Luft atmen kann. Jetzt frisst das kleine Fröschchen Insekten. Es bleibt bei der Bromelie, bis sich sein Schwanz zurückgebildet hat.

Erwachsen

Nun ist der Frosch ausgewachsen. Er lebt zwischen den Blättern und ist im Regenwald nur schwer zu entdecken. Die Männchen rufen aber laut, um ihr Revier zu verteidigen.

Darwin-Nasenfrosch Das Männchen nimmt die befruchteten Eier in seinen Kehlsack. Dort bleiben sie, bis die Fröschchen selbstständig leben können.

Geburtshelferkröte Das Krötenmännchen wickelt die Laichschnur um seine Fußgelenke und trägt sie mit sich herum. Die schlüpfenden Kaulquappen entlässt es in einen Teich.

Axolotl Dieser große Molch hat büschelförmige Kiemen und einen Schwanz wie ein Fisch. Er durchläuft keine vollständige Verwandlung und verbringt sein ganzes Leben im Wasser.

Dinosaurier-Zeitalter

Die Dinosaurier waren eine sehr erfolgreiche und vielfältige Tiergruppe. Sie beherrschten die Erde im Erdmittelalter von vor 252 bis 66 Millionen Jahren und lebten auf allen Kontinenten. Es gab sehr viele unterschiedliche Arten, wie etwa kleine Räuber, die auf den Hinterbeinen liefen, oder Giganten mit langem Hals.

Stegosaurus trug auffällige Platten auf dem Rücken.

Eoraptor

Trias

Zu Beginn der Periode sind die Landschaften öde, denn das Perm hatte mit einem Massenaussterben geendet. 90 % aller Lebewesen sind verschwunden. Weil sie nur wenig Konkurrenz haben, beherrschen die Dinosaurier bald die Erde.

Die ersten Dinosaurier

Herrerasaurus und *Eoraptor* gehören zu den ältesten Dinosauriern, die wir kennen. Beide laufen auf ihren Hinterbeinen. Zur selben Zeit entwickeln sich die ersten Säugetiere.

Das Ende der Trias

Zum Ende der Trias sterben viele Arten aus, auch viele Reptilien. Neue Dinosaurier nehmen allmählich ihren Platz ein.

Dinosauromorpha

Eine seltsame Reptiliengruppe taucht auf: Die Dinosauromorpha sind kleine, leichte Tiere, die auf allen vieren oder nur auf den Hinterbeinen laufen können. Aus ihnen entwickeln sich die ersten Dinosaurier.

Sie werden größer

Zwar sind die meisten Dinosaurier klein, aber es tauchen auch größere auf, wie *Plateosaurus*. Er ist etwa 8 m lang.

Riesen im Jura

Als die Kontinente auseinanderbrechen, wird das Klima feuchter und Regenwälder breiten sich aus. Große, schwere Dinosaurierarten entwickeln sich, wie *Stegosaurus*, *Allosaurus* und *Brachiosaurus*.

Plateosaurus

252 Mio.

249 Mio.

235 Mio.

210 Mio.

201 Mio.

200 Mio.

Mio. = Vor Millionen Jahren

145 Mio.

66,25 Mio.

66 Mio.

Heute

Vulkanausbrüche

250 000 Jahre lang brechen in Indien gewaltige Vulkane aus. Dies allein führt aber wohl nicht zum Aussterben der Dinosaurier.

Dinosaurier-Nachfahren

Die modernen Vögel haben sich aus kleinen Dinosauriern, die die Katastrophe überlebten, entwickelt. Vögel sind die Nachkommen gefiederter Raubsaurier, die vor mehr als 150 Mio. Jahren auf ihren Hinterbeinen liefen und ihre Vorderbeine zu Flügeln umgebildet hatten. Die Dinos sind immer noch unter uns!

Schau dich draußen um! Bestimmt entdeckst du einen Dinosaurier.

Kreide

Während der Kreide sind einige Dinosauriergruppen sehr erfolgreich, wie die Horndinosaurier und die Entenschnabeldinosaurier. Andere Gruppen werden seltener, wie die Stegosaurier und die Sauropoden mit ihren langen Hälsen.

Massenaussterben

Ein Meteorit mit 7 km Durchmesser schlägt bei Chicxulub im heutigen Mexiko ein. Bei der Katastrophe wird so viel Staub aufgewirbelt, dass es auf der Erde kalt und dunkel wird. Die Dinosaurier sterben aus – oder doch nicht?

Triceratops, ein Horndinosaurier, ist einer der letzten Dinosaurier. Er lebt zur gleichen Zeit wie *Tyrannosaurus rex*.

Dinosaurier

Oryctodromeus war ein kleiner, aber besonderer Dinosaurier, der vor 95 Millionen Jahren in Nordamerika lebte. Dieser Dinosaurier grub Erdbaue, in denen er sich vor seinen Feinden und bei Unwettern versteckte.

Die Welt erkunden

Später erkundeten die jungen Dinosaurier die Welt außerhalb ihres Baus. Sie lernten, welche Pflanzen man fressen konnte, und stärkten ihre Muskeln. Mehrere Jahre lang blieben sie bei ihren Eltern.

Die Jungen schlüpfen

Die Jungen zerbrachen mit dem Eizahn auf ihrem Schnabel die Schale und schlüpften aus dem Ei. Sie blieben zunächst im Erdbau und wurden von den Eltern gefüttert.

Mehr erfahren
Informiere dich über das Zeitalter der Dinosaurier (S. 96–97).

Eier legen

Wie alle Dinosaurier legte auch *Oryctodromeus* Eier. Im Bau waren sie gut geschützt. Der enge Eingang führte in eine Kammer, in der sich das Nest befand.

Erdbaue graben

Wenn es Zeit war, das Nest zu verlassen, suchten sich junge Tiere wahrscheinlich ein eigenes Revier und zogen in aufgegebene Baue ein, die sie reparierten. Vielleicht gruben sie sich auch eigene Baue.

Pärchen

Vielleicht gruben die Männchen auch besonders schöne Baue, um den Weibchen zu imponieren. Diese wählten sich einen Partner, zogen in den Bau ein und legten Eier.

Man fand Fossilien von Oryctodromeus in Erdbauen, in denen er in der Urzeit lebte und starb.

Papageitaucher Noch heute graben Nachfahren der Dinosaurier Erdbaue. Die der Papageitaucher ähneln wohl den Bauen von *Oryctodromeus*.

Georgia-Gopherschildkröte Diese Schildkröte ist für andere Tiere sehr nützlich. Sie gräbt lange und tiefe Baue, in denen viele verschiedene Tiere leben, wie Schlangen, Eidechsen und Nagetiere.

Schutz vor Feuer Ein Bau bietet bei einem Waldbrand guten Schutz, da er sich unter der Erde befindet. Auch bei einer Feuersbrunst bleibt die Temperatur hier relativ niedrig.

Bunte Haube

Als der junge Flugsaurier erwachsen wurde, bildete sich seine bunte Haube voll aus. Mit dem Kopfschmuck lockte er wahrscheinlich Partner an. Auf der Suche nach Nahrung und Wasser flog er weite Strecken.

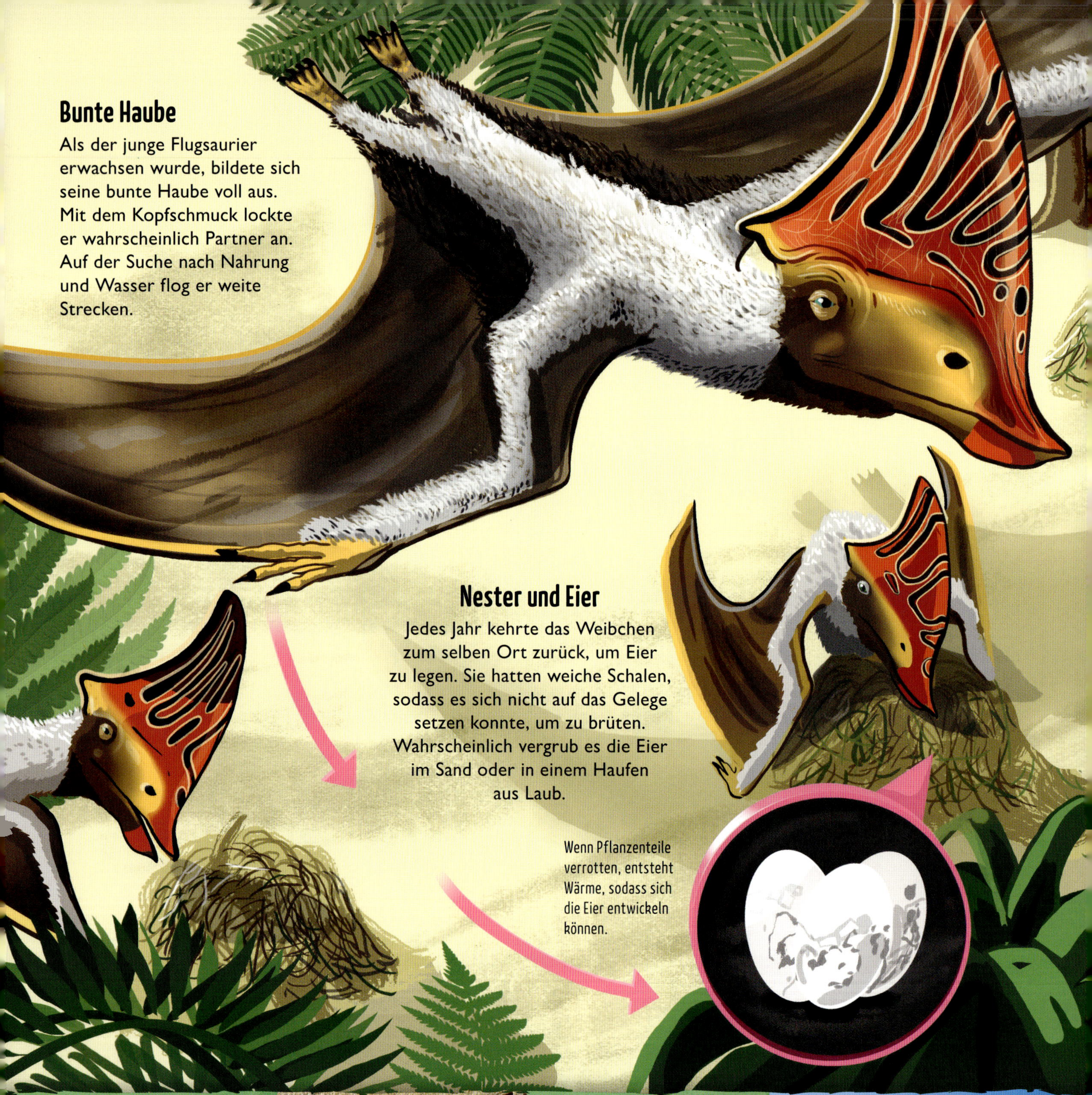

Nester und Eier

Jedes Jahr kehrte das Weibchen zum selben Ort zurück, um Eier zu legen. Sie hatten weiche Schalen, sodass es sich nicht auf das Gelege setzen konnte, um zu brüten. Wahrscheinlich vergrub es die Eier im Sand oder in einem Haufen aus Laub.

Wenn Pflanzenteile verrotten, entsteht Wärme, sodass sich die Eier entwickeln können.

Fossil An Flugsaurierfossilien kann man gut erkennen, dass die Knochen hohl und dünnwandig waren. Mit dem leichten Skelett konnten diese Reptilien besser fliegen.

Oase An diesen fruchtbaren Orten in der Wüste wachsen Pflanzen und es gibt Wasser. Tiere kommen herbei, um zu trinken. Forscher vermuten, dass *Caiuajara* in der Nähe von Oasen lebte.

Caiuajara war wahrscheinlich ein Pflanzenfresser.

Fliegen lernen
Die Jungen entwickelten sich rasch und bald lernten sie fliegen. Sie unternahmen kurze Testflüge, um ihre Flugmuskeln zu erproben.

Mehr erfahren
Zur Zeit der Dinosaurier lebten noch andere Tiere auf der Erde (S. 96–97).

Hilflose Junge
Die Jungen mussten von ihren Eltern gefüttert werden. In der großen Kolonie waren sie vor Feinden sicherer.

Flugsaurier

Im Zeitalter der Dinosaurier beherrschten fliegende Reptilien die Lüfte: die Flugsaurier. *Caiuajara* lebte vor 91 Millionen Jahren in der späten Kreidezeit. Über der Landmasse, die heute Südamerika bildet, zog er am Himmel seine Bahnen.

Große Kolonien Heute leben und brüten viele Vogelarten, wie die Flamingos, in großen Gruppen. An einem Fundort entdeckte man zahlreiche Fossilien von jungen und erwachsenen *Caiuajara*-Flugsauriern. Vermutlich lebten auch sie in Kolonien.

Meeresschildkröte

Grüne Meeresschildkröten leben in warmen Meeren und kommen nur zur Eiablage an Land, und zwar stets an den Strand, an dem sie selbst geboren wurden. Bis sie geschlechtsreif werden, verbringen sie viele Jahre im offenen Meer. Um Luft zu atmen, müssen Schildkröten an die Wasseroberfläche kommen.

Mehr erfahren
Auch Zitronenhaie (S. 88–89) und Rotlachse (S. 90–91) wandern stets in dieselben Gebiete, um sich fortzupflanzen.

Die Weibchen kommen an den Strand.

Rückkehr zum Strand

Etwa 2 Wochen nach der Paarung kommt das Weibchen aus dem Wasser, meist in der Nacht. Es sucht eine geeignete Stelle, an der es ein Nest graben kann.

Meeresschildkröten spüren, aus welcher Richtung die Wellen kommen, und orientieren sich auf diese Weise.

Das Weibchen legt Eier, die so groß sind wie Tischtennisbälle.

Eier legen

Nachdem das Weibchen bis zu 200 Eier in ihr Nest gelegt hat, bedeckt sie diese mit Sand und kehrt ins Wasser zurück. Das macht sie mehrere Male. Die Eier entwickeln sich dann ein paar Wochen lang.

Schlüpfen

Die Temperatur des Sandes in der Umgebung der Eier bestimmt, ob aus ihnen Männchen (kälter) oder Weibchen (wärmer) schlüpfen. Mit dem Eizahn auf ihrer Schnauze brechen die kleinen Schildkröten die Schale auf.

Warme Meere Mit ihren Flossen sind Meeresschildkröten perfekt an das Leben im Wasser angepasst. Die Grüne Meeresschildkröte wärmt sich in den seichten Gewässern im Golf von Mexiko auf.

Artenschutzprojekte
Meeresschildkröten sind gefährdet, und es ist sehr wichtig, dass möglichst viele Junge überleben. In Schutzprogrammen werden sie in menschlicher Obhut großgezogen und später in die freie Natur entlassen.

Paarung im seichten Wasser

Die erwachsenen Schildkröten kehren an den Strand zurück, an dem sie geschlüpft sind, um sich fortzupflanzen. Die Männchen kämpfen um die Weibchen.

Verlorene Jahre

Wenn sie es bis zum Meer geschafft haben, verschwinden die Schildkröten in den Fluten und bleiben lange unauffindbar. Niemand weiß, wohin sie schwimmen. Es dauert 15 bis 30 Jahre, bis sich die jungen Meeresschildkröten fortpflanzen. Die Zeit bis dahin bezeichnet man auch als die „verlorenen Jahre".

In großer Gefahr

Die frisch geschlüpften Schildkröten haben viele Feinde. Krabben, Krokodile oder Haie fressen die Eier und die Jungen.

Der Weg zum Meer

Die jungen Schildkröten graben sich mit ihren Flossen aus und laufen in Richtung Meer. Nachts orientieren sie sich am Mondlicht, das vom Wasser reflektiert wird.

Die kleinen Schildkröten sind nur ungefähr 5 cm lang.

Rotwangen-Schmuckschildkröte

Wie viele Sumpfschildkröten hat diese Art Krallen an den Füßen und kann ihren Kopf und die Beine in den Panzer einziehen. Meeresschildkröten dagegen besitzen Flossen und der Körper ist stromlinienförmig.

Plattschwänze Diese Schlangen verbringen den größten Teil ihres Lebens im Meer. Sie kehren an Land zurück, um ihre Eier zu legen, genau wie Meeresschildkröten.

Schlange

Die Königskobra ist die längste Giftschlange der Erde. Sie kann über 5 Meter lang werden und erbeutet vor allem andere Schlangen. Aber sie hat auch eine fürsorgliche Seite: Viele Schlangen überlassen ihre Eier sich selbst, doch die Königskobra baut ein Nest und bewacht ihr Gelege, bis die Jungen schlüpfen.

Schlangenkämpfe

Zur Fortpflanzungszeit kämpfen die Männchen um die Weibchen. Sie erheben ihre Köpfe und ringen miteinander. Der Rivale soll zu Boden gedrückt werden. Wer verliert, schlängelt sich davon.

Wachsame Mutter

Das Weibchen liegt zusammengerollt auf dem Nest und beschützt das Gelege. Wenn es sich bedroht fühlt, breitet es seine Haube aus und zischt. Dabei richtet es seinen Vorderkörper auf. Eine große Kobra kann dann fast so hoch sein wie ein erwachsener Mensch.

Die Jungen schlüpfen

Kurz bevor die Jungen schlüpfen, verlässt die Mutter das Nest. Ihre Kinder müssen allein zurechtkommen. In 4 bis 6 Jahren werden sie sich dann selbst fortpflanzen.

Die Königskobra spreizt ihre Haube, um größer auszusehen. So vertreibt sie Fressfeinde.

Das Gift der Jungen ist genauso tödlich wie das der erwachsenen Schlangen.

Annäherung

Der Sieger stupst seine Partnerin sanft an und kriecht über sie. Sie spreizt daraufhin ihre Haube, und die beiden paaren sich.

Nestbau

Das Weibchen schiebt mit seinem Körper herabgefallene Blätter zusammen. In die Mitte dieses Haufens legt es 20 bis 50 Eier und bedeckt sie mit Blättern.

Mehr erfahren
Lies nach, wie das Meeresschildkröten-Weibchen (S. 102–103) seine Eier im Sand vergräbt.

Fürsorge Auch die meisten Pythonweibchen schlingen sich um ihr Gelege, um es zu schützen. In kühleren Lebensräumen zittern Pythons dabei auch mit den Muskeln, um Wärme zum Ausbrüten der Eier zu erzeugen.

Giftzähne Das Klapperschlangen-Weibchen bringt weit entwickelte Junge zur Welt und bleibt etwa eine Woche lang bei ihnen. Jeder Räuber, der ihnen zu nahe kommt, riskiert einen tödlichen Biss.

Krokodilmütter Nilkrokodil-Weibchen drücken ihre Eier sanft mit den Zähnen, damit die Jungen leichter schlüpfen können. Dann tragen sie die Kleinen vorsichtig im Maul zum Wasser.

Eidechse

Die meisten Reptilien legen Eier, aber manche Arten der Eidechsen und Schlangen gebären weit entwickelte Junge. Die Waldeidechse kann beides, und das ist ungewöhnlich. Sie bringt in kalten Gegenden weit entwickelte Junge zur Welt, denn dort könnten sich die Eier nicht entwickeln. In wärmeren Regionen legt sie manchmal Eier.

Ein buntes Kleid

Im Frühjahr, wenn es wärmer wird, endet die Winterruhe. Die Männchen häuten sich und ihr bunteres Paarungskleid kommt zum Vorschein.

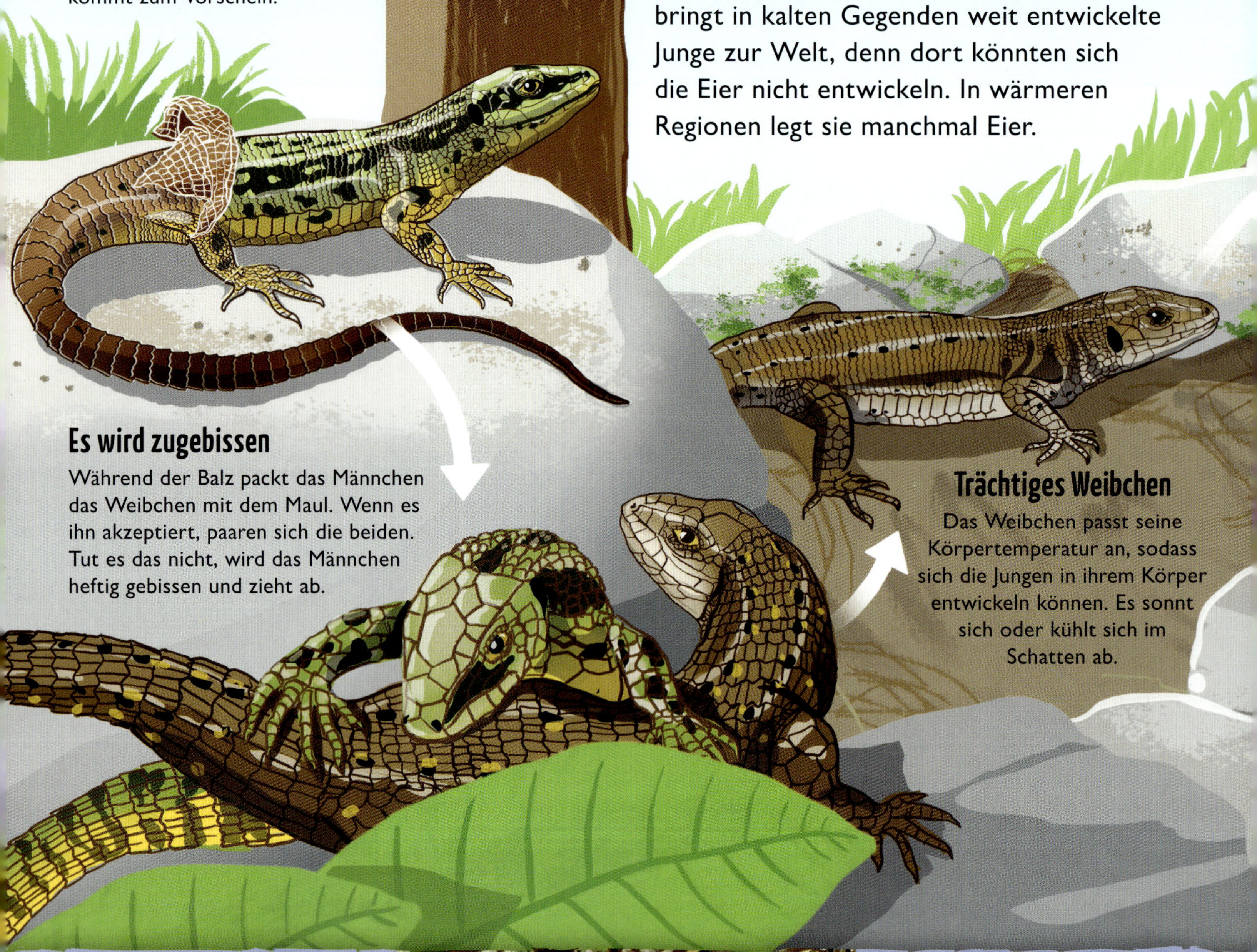

Es wird zugebissen

Während der Balz packt das Männchen das Weibchen mit dem Maul. Wenn es ihn akzeptiert, paaren sich die beiden. Tut es das nicht, wird das Männchen heftig gebissen und zieht ab.

Trächtiges Weibchen

Das Weibchen passt seine Körpertemperatur an, sodass sich die Jungen in ihrem Körper entwickeln können. Es sonnt sich oder kühlt sich im Schatten ab.

Leistenkrokodil Diese Krokodile sind die größten heute lebenden Reptilien, und sie legen auch die größten Eier aller Reptilien. Ob sich in ihnen Männchen oder Weibchen entwickeln, hängt von der Temperatur im Nest ab.

Gummiboa Es gibt mehr Schlangen, die weit entwickelte Junge zur Welt bringen, als Eidechsen. Etwa ein Fünftel aller Schlangenarten ist lebendgebärend. Zu ihnen gehört die Gummiboa, die bis zu acht Junge gleichzeitig bekommt.

Geburt

Im Sommer, etwa 2 Monate nach der Paarung, bringt das Weibchen drei bis elf kleine Eidechsen zur Welt. In wärmeren Gegenden legen die Weibchen Eier.

Die Jungen kommen in einer dünnen Membran zur Welt, die bei der Geburt oder bald danach aufreißt.

Sofort selbstständig

Die neugeborenen Eidechsen sind sofort selbstständig. Wenn die Männchen 2 Jahre und die Weibchen 3 Jahre alt sind, pflanzen sie sich fort.

Winterruhe

In kühleren Gegenden suchen sich Waldeidechsen im Herbst frostsichere Plätze, wie einen Holzstapel oder ein Erdloch. In warmen Gegenden sind sie auch im Winter aktiv.

Mehr erfahren

Auch der Zitronenhai ist ein wechselwarmes Tier, das weit entwickelte Junge zur Welt bringt (S. 88–89).

Dreihornchamäleon

Die meisten Chamäleons legen Eier. Das Weibchen des Dreihornchamäleons jedoch bekommt 5 bis 6 Monate nach der Paarung bis zu 35 Junge. Das Männchen sieht mit seinen drei Hörnern am Kopf sehr auffällig aus.

Pinguin

Pinguine sind merkwürdige Vögel, denn sie können nicht fliegen. Und der Kaiserpinguin hat sich auch noch einen extremen Lebensraum gewählt. Er lebt in den eiskalten Gewässern am Rande von Antarktika.

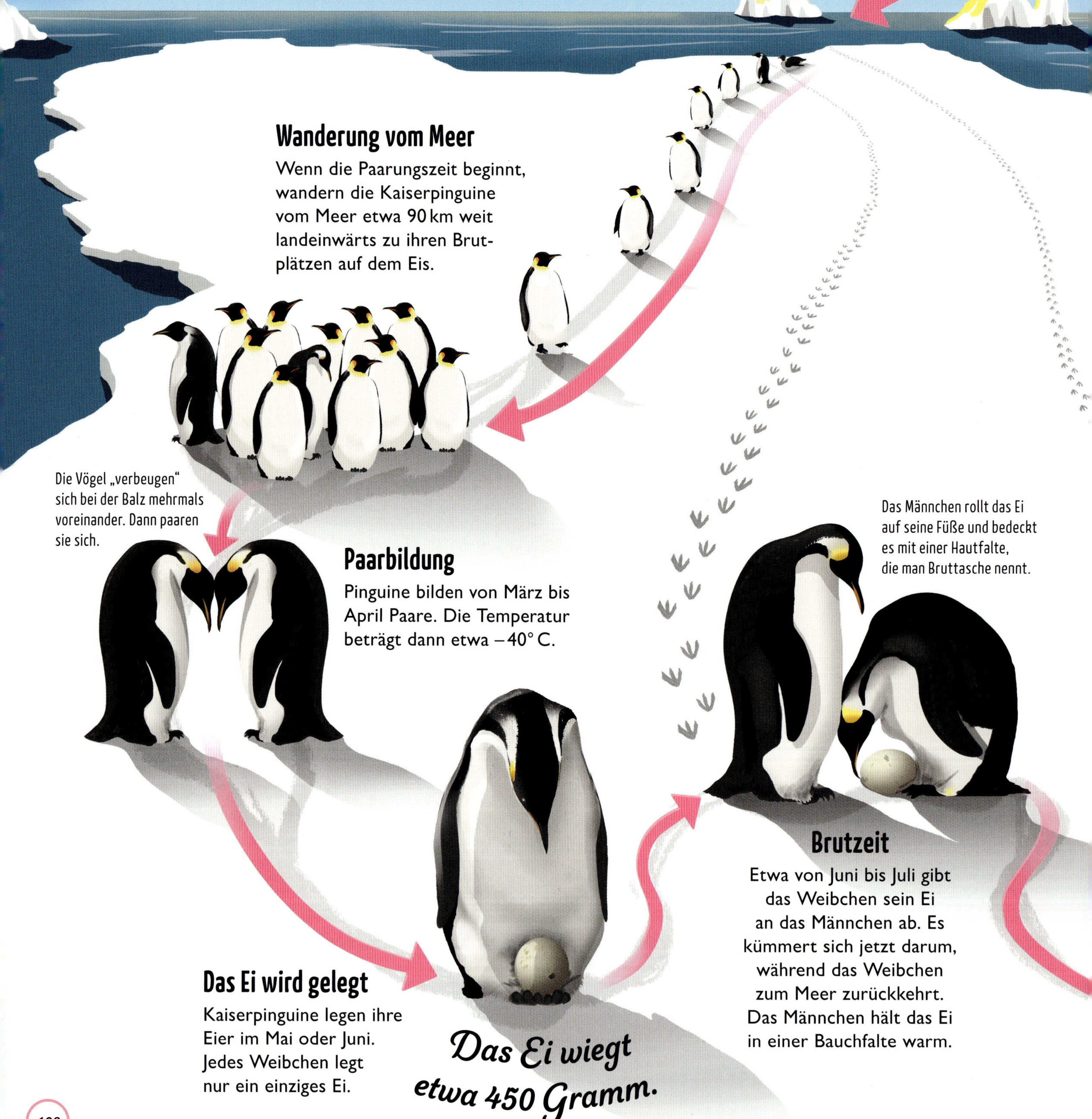

Wanderung vom Meer

Wenn die Paarungszeit beginnt, wandern die Kaiserpinguine vom Meer etwa 90 km weit landeinwärts zu ihren Brutplätzen auf dem Eis.

Die Vögel „verbeugen“ sich bei der Balz mehrmals voreinander. Dann paaren sie sich.

Paarbildung

Pinguine bilden von März bis April Paare. Die Temperatur beträgt dann etwa –40° C.

Das Ei wird gelegt

Kaiserpinguine legen ihre Eier im Mai oder Juni. Jedes Weibchen legt nur ein einziges Ei.

Das Ei wiegt etwa 450 Gramm.

Das Männchen rollt das Ei auf seine Füße und bedeckt es mit einer Hautfalte, die man Bruttasche nennt.

Brutzeit

Etwa von Juni bis Juli gibt das Weibchen sein Ei an das Männchen ab. Es kümmert sich jetzt darum, während das Weibchen zum Meer zurückkehrt. Das Männchen hält das Ei in einer Bauchfalte warm.

Wanderung zum Meer

Im Januar oder Februar wandert der junge Pinguin zum ersten Mal zum Meer. Wenn er etwa 3 Jahre alt ist, wird er sich paaren, und der Lebenszyklus beginnt von Neuem.

Mehr erfahren

Auch Eisbären (S. 124–125) leben in eiskalten Regionen.

Mauser

Im Dezember beginnt sich das Küken zu mausern. Statt der Dunen trägt es dann ein glattes wasserdichtes Gefieder. Der junge Pinguin wird schon bald selbst im Meer tauchen.

Fütterung

Die Mutter füttert das Küken mit Fischen, die sie aus ihrem Magen hervorholt. Die Nahrung ist vorverdaut und ähnelt einem öligen Brei.

Das Küken schlüpft

Die Mutter kehrt etwa im August vom Meer zurück. Manchmal ist das Küken bereits geschlüpft. Falls nicht, übernimmt sie jetzt das Ei vom Vater. Wenn das Küken geschlüpft ist, wird es in der Bauchfalte gewärmt.

Zusammenkuscheln Von Oktober bis November wärmen sich die Pinguinküken gegenseitig, während ihre Eltern im Meer Fische und Tintenfische fangen.

Tauchen Kaiserpinguine sind großartige Schwimmer. Sie können bei der Jagd bis zu 20 Minuten lang unter Wasser bleiben.

Fressfeinde Kaiserpinguine haben nur wenige Fressfeinde, doch vor hungrigen Seeleoparden müssen sie auf der Hut sein.

Mehr erfahren

Auch bei Orang-Utans (S. 130–131) dauert es viele Jahre, bis die Jungen selbstständig werden.

Das Junge wird flügge

Es dauert etwa 9 Monate, bis das Junge fliegen kann und selbstständig wird. Danach sind die Eltern so erschöpft, dass sie erst im übernächsten Jahr wieder brüten.

Das Küken wird umsorgt

Das Küken schlüpft mit weißen Dunenfedern und wächst schnell, denn es wird mit Fischen und Tintenfischen gefüttert. Das Weibchen und das Männchen wechseln sich bei der Nahrungssuche im Meer ab.

Manche Albatrosse brüten noch, wenn sie 70 Jahre alt sind.

Nestbau

Weibchen und Männchen sammeln Erde und Gras, um ein Nest zu bauen. Sie brüten ihr einziges Ei 78 Tage lang aus. Dabei sitzen die Vögel abwechselnd 2 bis 3 Wochen auf dem Nest.

Albatros

Manche Tiere vermehren sich nur langsam, aber sie werden so alt, dass sie im Lauf der Jahre genügend Nachwuchs bekommen, um die Art zu erhalten. Die Partnerschaften der Wanderalbatrosse halten oft lebenslang. Sie haben dabei nur in jedem zweiten Jahr ein einziges Junges. Doch ein Albatros-Paar bleibt bis zu 50 Jahre lang zusammen.

Die Vögel holen sich ihre Nahrung oft an der Meeresoberfläche, aber manchmal tauchen sie auch tiefer hinab.

Eltern werden

Es dauert lange, bis ein Albatros erwachsen ist und sich fortpflanzt. Die Vögel sind mindestens 10 Jahre alt, wenn sie Paare bilden.

Treue Vögel

Albatrosse leben während der meisten Zeit allein. Im November kommen sie auf abgelegenen, grasbewachsenen Inseln im kalten Südlichen Ozean zusammen. Sie begrüßen sich gegenseitig und paaren sich dann.

Schabrackenschakal Wie die Albatrosse sind auch Schakal-Paare treu. Die Jungen bleiben sogar bei ihren Eltern und helfen mit, die jüngeren Geschwister großzuziehen.

Präriewühlmäuse Die meisten Männchen im Tierreich paaren sich mit mehreren Weibchen. Prärie-wühlmaus-Männchen haben jedoch nur eine Partnerin und helfen beim Aufziehen der Jungen.

Schwarzer Schopfgibbon Das Männchen (links) und das Weibchen (rechts) lausen sich jeden Tag, um ihren Zusammenhalt zu stärken. Das ist wichtig, damit sie sich gemeinsam gut um die Jungen kümmern können.

Paare bilden

Wenn sie in Europa angekommen sind, bilden die Schwalben Paare. Das Männchen balzt im Flug. Es singt und präsentiert seine Schwanzfedern. Wenn das Weibchen beeindruckt ist, paart es sich mit ihm. Manchmal bleibt das Paar ein Leben lang zusammen.

Zug nach Norden

Im Frühjahr verlassen die Rauchschwalben Afrika und fliegen Tausende Kilometer weit zu ihren Brutgebieten in Europa. Sie fangen im Flug Insekten und trinken Wasser, während sie tief über Seen und Flüsse fliegen.

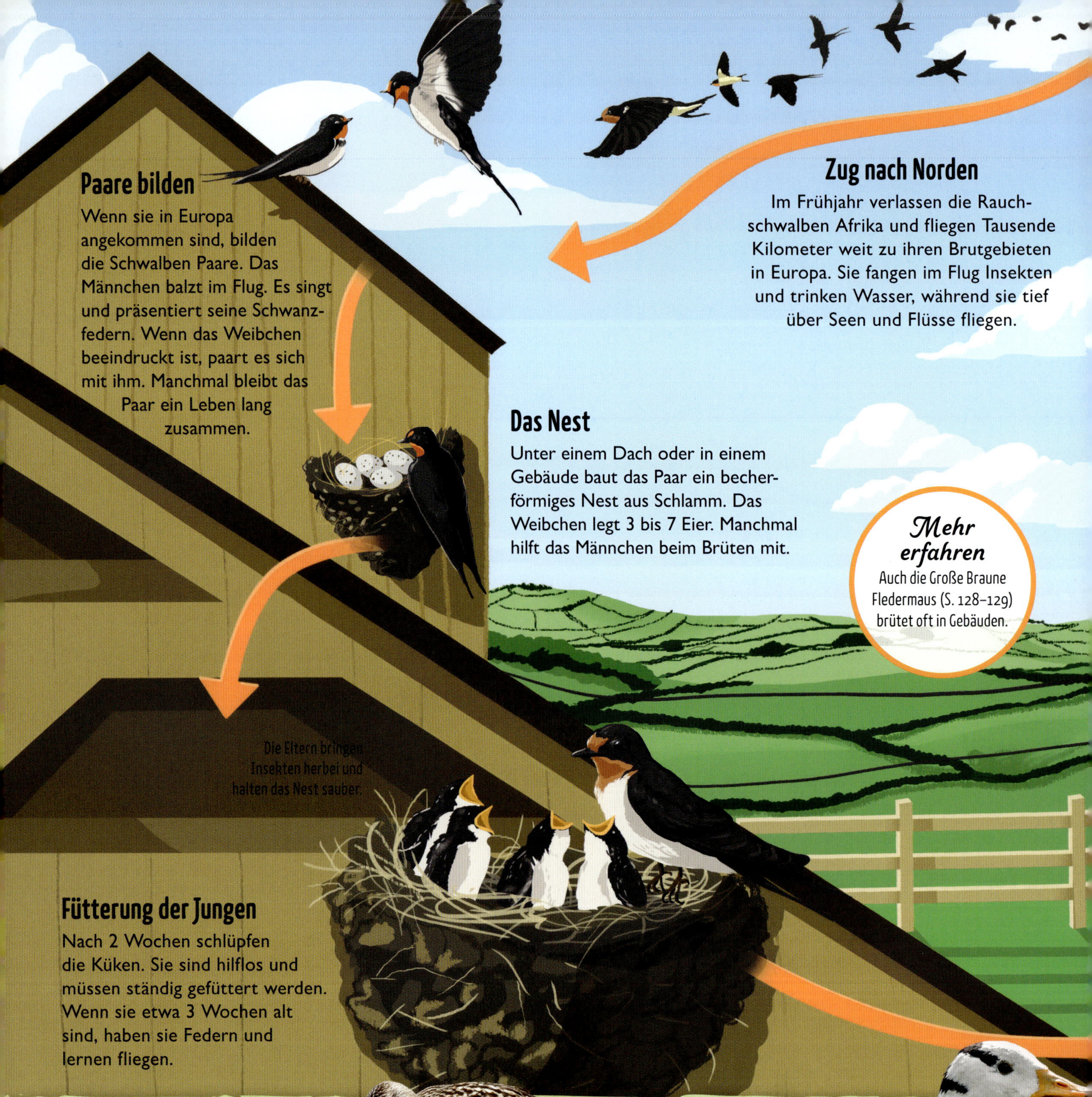

Das Nest

Unter einem Dach oder in einem Gebäude baut das Paar ein becherförmiges Nest aus Schlamm. Das Weibchen legt 3 bis 7 Eier. Manchmal hilft das Männchen beim Brüten mit.

Mehr erfahren

Auch die Große Braune Fledermaus (S. 128–129) brütet oft in Gebäuden.

Die Eltern bringen Insekten herbei und halten das Nest sauber.

Fütterung der Jungen

Nach 2 Wochen schlüpfen die Küken. Sie sind hilflos und müssen ständig gefüttert werden. Wenn sie etwa 3 Wochen alt sind, haben sie Federn und lernen fliegen.

Pfuhlschnepfe Dieser Vogel hält den Rekord für den längsten Nonstop-Vogelflug. Eine Pfuhlschnepfe hat nachweislich mehr als 11 000 km zurückgelegt. Sie flog ohne Pause von Neuseeland bis zum chinesischen Gelben Meer.

Streifengans Einige mit Sendern versehene Exemplare überquerten den Himalaja. Diese asiatischen Gänse flogen dabei in fast 7300 m Höhe und somit höher als alle anderen Zugvögel.

Schwalbe

Oft sieht man Rauchschwalben über Felder fliegen und in der Luft Insekten jagen. Diese Vögel bauen ihr Nest an geschützten Stellen von Gebäuden. Ihre Jungen ziehen sie auf der Nordhalbkugel der Erde groß, und den Winter verbringen sie in wärmeren Gegenden im Süden. Die nordeuropäischen Rauchschwalben ziehen ins südliche Afrika.

Der Vogelzug ist sehr anstrengend, und viele Schwalben sterben an Erschöpfung, Hunger oder in einem Sturm.

Winter in Afrika

Wenn die Schwalben im südlichen Afrika angekommen sind, ist ihre Reise erst einmal zu Ende. Sie verbringen den Winter in Feuchtgebieten, denn dort gibt es viele Insekten.

Reise in den Süden

Rauchschwalben ziehen in jedem Jahr zwei Bruten groß. Im Herbst, nachdem alle Küken flügge geworden sind und sich gemausert haben, sammeln sie sich in großen Gruppen, um in den Süden aufzubrechen.

Küstenseeschwalbe Diese Rekordhalterin fliegt die weitesten Strecken: von der Arktis bis in die Antarktis und zurück – insgesamt 70 000 km weit. Anders als die Pfuhlschnepfe rastet sie jedoch auf ihrem Zug.

Stare Stare sammeln sich oft in riesigen Schwärmen, die am Himmel faszinierende Formationen bilden. Greifvögeln fällt es schwer, einen einzelnen Vogel im Schwarm anzugreifen.

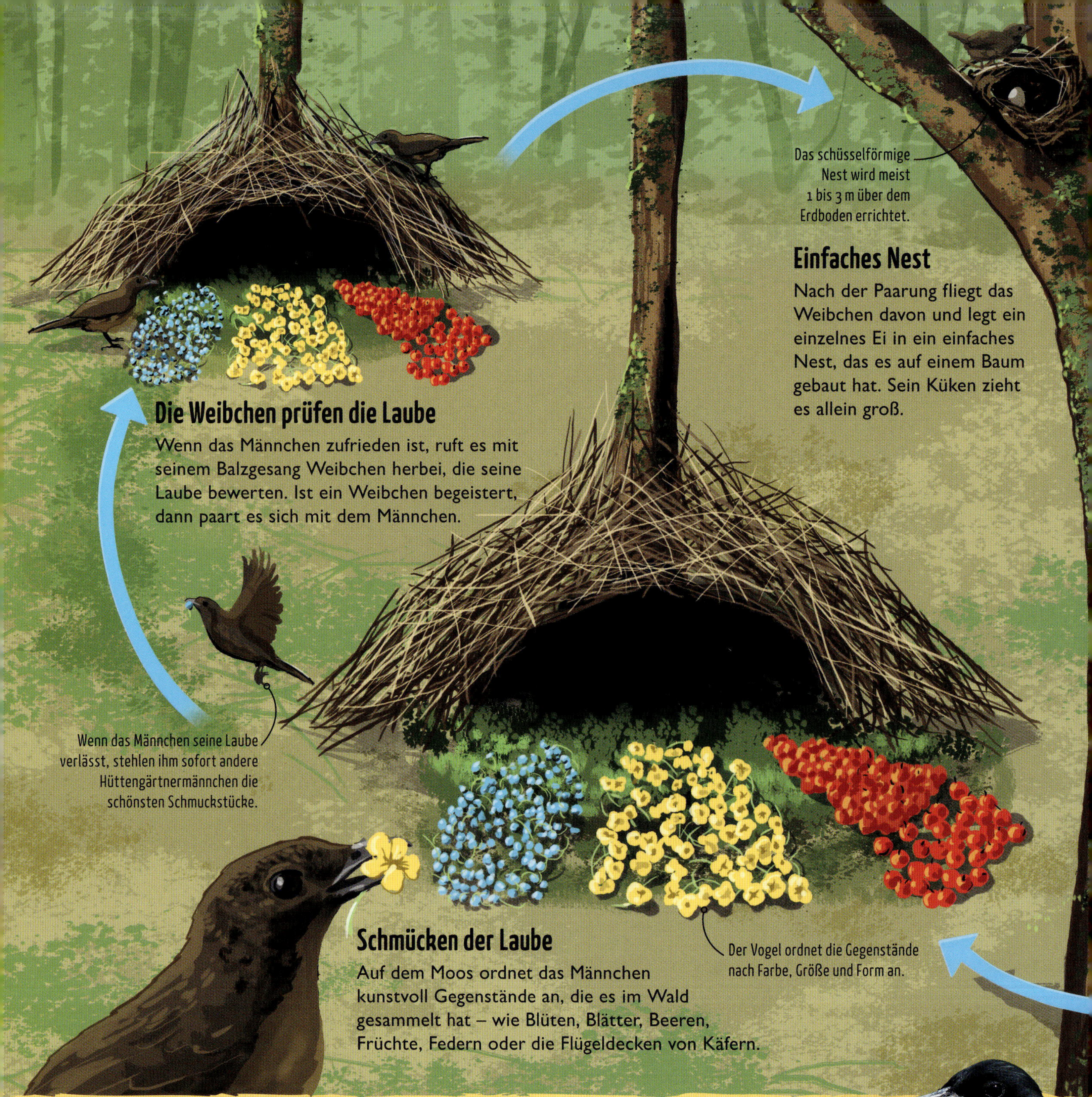

Wenn das Männchen seine Laube verlässt, stehlen ihm sofort andere Hüttengärtnermännchen die schönsten Schmuckstücke.

Die Weibchen prüfen die Laube

Wenn das Männchen zufrieden ist, ruft es mit seinem Balzgesang Weibchen herbei, die seine Laube bewerten. Ist ein Weibchen begeistert, dann paart es sich mit dem Männchen.

Das schüsselförmige Nest wird meist 1 bis 3 m über dem Erdboden errichtet.

Einfaches Nest

Nach der Paarung fliegt das Weibchen davon und legt ein einzelnes Ei in ein einfaches Nest, das es auf einem Baum gebaut hat. Sein Küken zieht es allein groß.

Schmücken der Laube

Auf dem Moos ordnet das Männchen kunstvoll Gegenstände an, die es im Wald gesammelt hat – wie Blüten, Blätter, Beeren, Früchte, Federn oder die Flügeldecken von Käfern.

Der Vogel ordnet die Gegenstände nach Farbe, Größe und Form an.

Ein Tänzchen Bei der Balz „tanzen" Haubentaucherpärchen auf Seen und Flüssen. Die Vögel übergeben sich dabei gegenseitig Futter oder Nestmaterial. Sie schütteln die Köpfe und schlagen mit den Füßen aufs Wasser.

Sehr auffällig Das Fregattvogel-Männchen wählt einen Nistplatz aus und bläht dann seinen roten Kehlsack auf, um ein Weibchen anzulocken. Es schüttelt seine ausgestreckten Flügel und macht laute Geräusche. So ist es kaum zu übersehen!

Laubenvogel

Ein Weibchen anzulocken, bedeutet für ein Laubenvogelmännchen harte Arbeit. Es muss viele bunte Gegenstände sammeln und seine Schätze zur Schau stellen. Dafür baut es eine Laube aus Zweigen. Jede Art der Laubenvögel konstruiert die Lauben auf andere Weise. Am spektakulärsten sind die Bauwerke des Hüttengärtners.

Laubenvögel kommen nur in Australien und Neuguinea vor.

Eine Laube wird gebaut

Das Hüttengärtner-Männchen verbaut Zweige und Pflanzenstängel um einen jungen Baumstamm. Wenn die Laube fertig ist, sieht sie aus wie eine kleine Hütte mit einem Bogen als Eingang.

Weitere Vorbereitungen

Der Vogel macht dann den Boden vor dem Laubeneingang sauber. Er bedeckt ihn mit einer Moosschicht, bis er einer Rasenfläche ähnelt.

Mehr erfahren

Lies über Paarbildung und Aufzucht der Jungen bei Kaiserpinguin (S. 108–109) und Wanderalbatros (S. 110–111) nach.

Balz in der Luft Wenn das Wanderfalkenmännchen balzt, vollführt es in der Luft Kunststücke. Damit zeigt es, dass es geschickt ist und Nahrung für seine Partnerin und die Jungen fangen kann.

Prächtiges Gefieder Mit seinen auffälligen Farben und den spiralig aufgerollten Schwanzfedern lockt das Paradiesvogelmännchen Weibchen an. Es ruft dabei und stellt seine grünen Brustfedern auf.

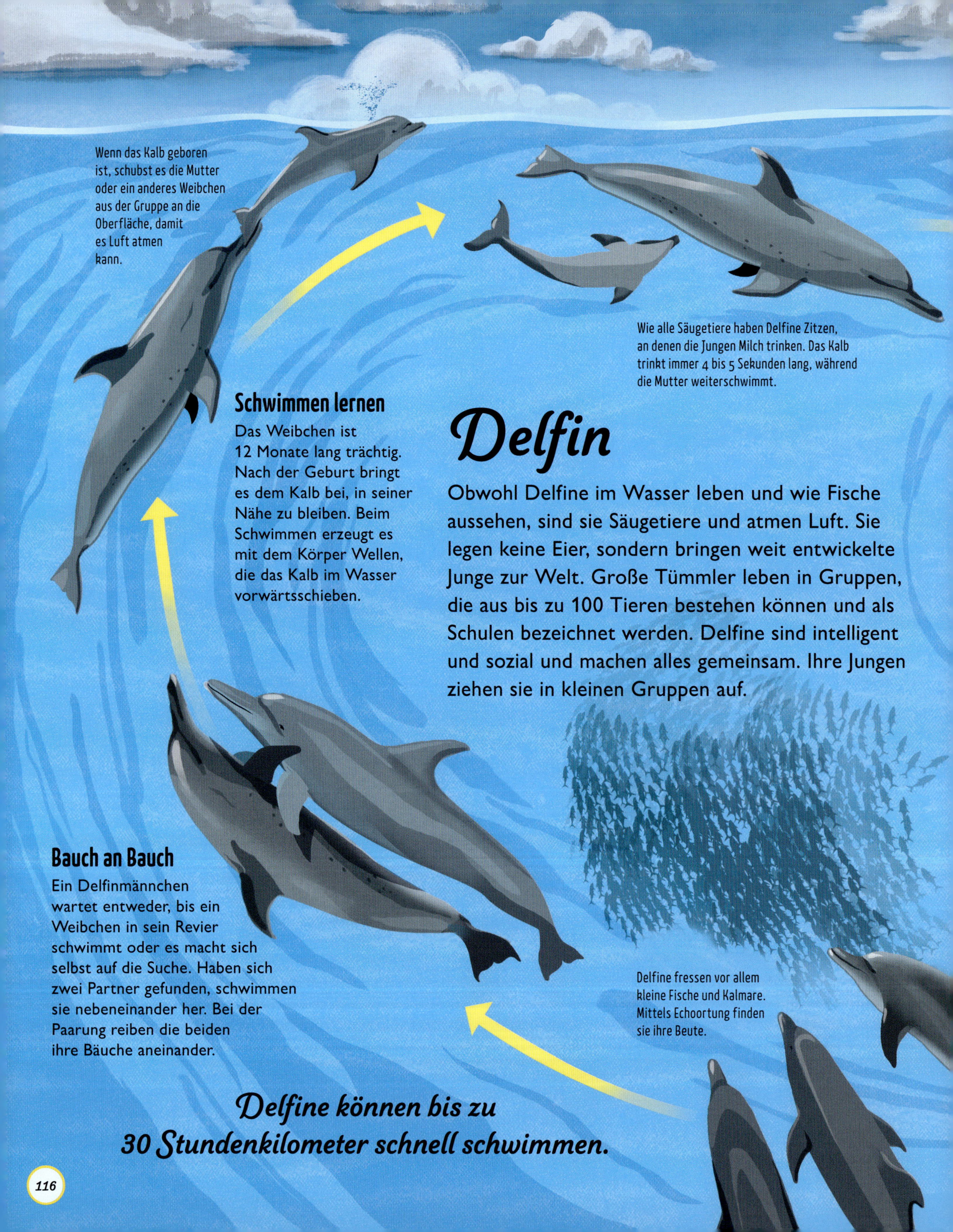

Delfin

Obwohl Delfine im Wasser leben und wie Fische aussehen, sind sie Säugetiere und atmen Luft. Sie legen keine Eier, sondern bringen weit entwickelte Junge zur Welt. Große Tümmler leben in Gruppen, die aus bis zu 100 Tieren bestehen können und als Schulen bezeichnet werden. Delfine sind intelligent und sozial und machen alles gemeinsam. Ihre Jungen ziehen sie in kleinen Gruppen auf.

Wenn das Kalb geboren ist, schubst es die Mutter oder ein anderes Weibchen aus der Gruppe an die Oberfläche, damit es Luft atmen kann.

Wie alle Säugetiere haben Delfine Zitzen, an denen die Jungen Milch trinken. Das Kalb trinkt immer 4 bis 5 Sekunden lang, während die Mutter weiterschwimmt.

Schwimmen lernen

Das Weibchen ist 12 Monate lang trächtig. Nach der Geburt bringt es dem Kalb bei, in seiner Nähe zu bleiben. Beim Schwimmen erzeugt es mit dem Körper Wellen, die das Kalb im Wasser vorwärtsschieben.

Bauch an Bauch

Ein Delfinmännchen wartet entweder, bis ein Weibchen in sein Revier schwimmt oder es macht sich selbst auf die Suche. Haben sich zwei Partner gefunden, schwimmen sie nebeneinander her. Bei der Paarung reiben die beiden ihre Bäuche aneinander.

Delfine fressen vor allem kleine Fische und Kalmare. Mittels Echoortung finden sie ihre Beute.

Delfine können bis zu 30 Stundenkilometer schnell schwimmen.

Mehr erfahren
Auch junge Zitronenhaie (S. 88–89) leben zunächst in Gruppen.

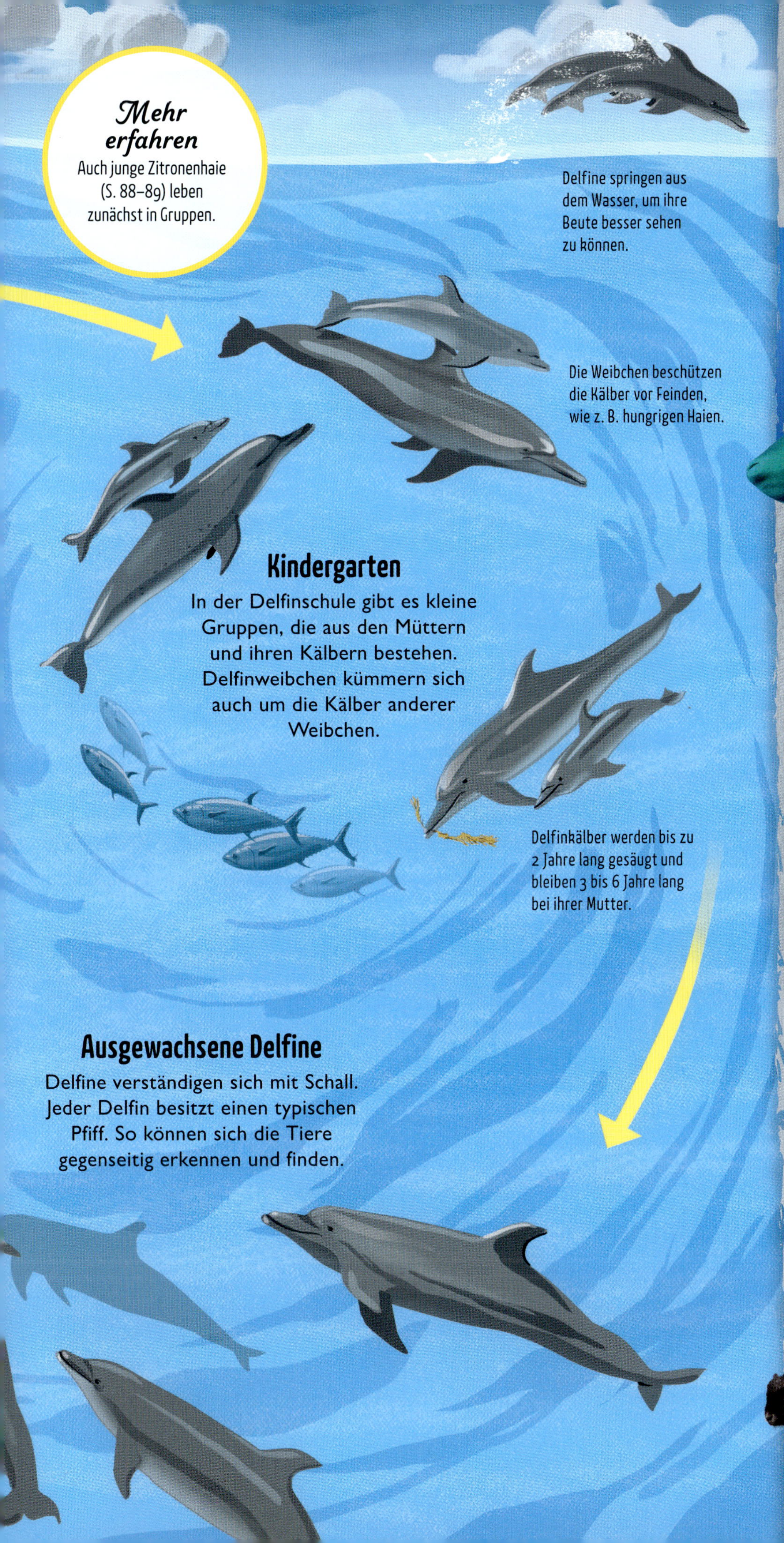

Delfine springen aus dem Wasser, um ihre Beute besser sehen zu können.

Die Weibchen beschützen die Kälber vor Feinden, wie z. B. hungrigen Haien.

Kindergarten

In der Delfinschule gibt es kleine Gruppen, die aus den Müttern und ihren Kälbern bestehen. Delfinweibchen kümmern sich auch um die Kälber anderer Weibchen.

Delfinkälber werden bis zu 2 Jahre lang gesäugt und bleiben 3 bis 6 Jahre lang bei ihrer Mutter.

Ausgewachsene Delfine

Delfine verständigen sich mit Schall. Jeder Delfin besitzt einen typischen Pfiff. So können sich die Tiere gegenseitig erkennen und finden.

Pottwal Erwachsene Pottwale tauchen bei der Nahrungssuche tief in den Ozean hinab. Während einige Mütter abtauchen, bleiben andere zurück und beschützen gemeinsam die Kälber.

Stute mit Fohlen Wie ein Delfinkalb, das gleich nach der Geburt schwimmen kann, kann ein Fohlen bereits kurz nach der Geburt stehen und laufen. Solche Tiere nennt man Nestflüchter.

Abwehr Moschusochsen verteidigen ihre Jungen vor Feinden wie Wölfen, indem sie einen Kreis bilden. Die Köpfe mit den Hörnern weisen dabei nach außen. Die Kälber verstecken sich in der Mitte unter ihren Müttern.

Känguru

Rote Riesenkängurus sind die größten Beuteltiere und werden bis zu 1,8 Meter hoch. Bei dieser Säugetiergruppe wachsen die Jungen in einem Beutel der Mutter heran. Kängurus hüpfen auf ihren kräftigen Beinen in Australien durch Buschländer und Wüsten.

Die Weibchen sind kleiner und haben ein graues Fell. Das der größeren Männchen ist rotbraun.

Kräftige Männchen

Ein Männchen muss manchmal gegen mehrere Rivalen kämpfen, um ein Weibchen zu erobern. Dann prüft es, ob das Weibchen paarungsbereit ist. Dazu schnüffelt es an seinem Urin.

Mehr erfahren

Auch das Seepferdchen (S. 92–93) hat eine Art Beutel, aber bei ihnen bringt der Vater die Jungen zur Welt.

Im Beutel

Nach der Paarung ist das Weibchen nur einen Monat lang trächtig. Das Junge ist bei der Geburt 2,5 cm lang und damit ungefähr so groß wie eine dicke Bohne. Kurz danach klettert es in den Beutel seiner Mutter.

Ein kleines Säugetier

Im Beutel der Mutter befinden sich die Milchdrüsen. Das Kleine sucht sich eine Zitze und saugt sich daran fest. Nach 70 Tagen lässt es dann zum ersten Mal los.

Leben in der Gruppe

Kängurus leben in lockeren Gruppen. Die Männchen kämpfen um die Weibchen und beißen sich gegenseitig, versetzen sich Tritte mit den Hinterbeinen oder „ringen“ miteinander, um festzustellen, wer von ihnen der Stärkste ist.

Kängurus sind bis zu 71 Stundenkilometer schnell.

Das Junge wächst heran

Wenn das Junge kräftig genug ist, steckt es seinen Kopf aus dem Beutel und blickt in die Welt. Auch wenn es bereits zu groß ist, um ständig im Beutel zu bleiben, kehrt es noch monatelang dorthin zurück, um Milch zu trinken.

Wombat Anders als bei einem Känguru weist der Beutel des Wombat-Weibchens nach hinten. Er füllt sich deshalb nicht mit Erde, wenn das Tier gräbt.

Opossum Das Opossum-Weibchen bringt bis zu 21 Junge zur Welt, aber es hat nur 13 Zitzen, deshalb überleben nicht alle. Es kann jedoch viele Babys gleichzeitig säugen.

Koala
Nachdem sie 7 Monate im Beutel verbracht haben, reiten kleine Koalas noch monatelang auf dem Rücken der Mutter.

Vernetzte Natur

Kein Lebewesen kann allein überleben und alle Pflanzen und Tiere sind auf andere angewiesen. Jedes Tier muss Nahrung suchen, egal ob es Pflanzen, Fleisch oder gar Kot frisst. Und jede Pflanze braucht Nährstoffe aus dem Erdboden, die von anderen Lebewesen stammen. Pflanzen und Tiere sind in Nahrungsnetzen miteinander verbunden. Dabei wird Energie von einem Lebewesen zum nächsten weitergegeben.

Nahrungsnetze

Die Verbindungen zwischen den Lebewesen sind sehr kompliziert. Viele Tiere fressen mehr als eine Art Nahrung. Die Beziehungen zwischen den verschiedenen Pflanzen und Tieren bezeichnet man als Nahrungsnetze.

Pflanzen sind grün, denn sie enthalten den grünen Farbstoff Chlorophyll. Mit Hilfe der Energie des Sonnenlichts stellen sie Nährstoffe her.

Viele Insekten, wie die Heuschrecken, fressen Pflanzen. Mit ihren Mundwerkzeugen zerkleinern sie ihre Nahrung.

Nahrungsketten

Pflanzen stellen mit Hilfe der Energie des Sonnenlichts Nährstoffe her, um leben und wachsen zu können. Pflanzenfresser verspeisen die Pflanzen, und Fleischfresser erbeuten die Pflanzenfresser. Man bezeichnet das als Nahrungskette.

Pflanzen bezeichnet man als Produzenten, denn sie können Nährstoffe produzieren. Sie stehen am Beginn der Nahrungskette.

Pflanzenfresser nennt man Primärkonsumenten, denn sie sind das erste Glied in der Nahrungskette.

Fleischfresser sind die Sekundärkonsumenten. Sie bilden das zweite Glied der Nahrungskette.

Gazellen fressen Gras und andere Pflanzen. Die Nahrung wird mit den Zähnen zermalmt und im Magen verdaut.

Löwen erbeuten Gazellen und andere Tiere. Mit ihren scharfen Backenzähnen reißen sie Fleischstücke aus ihrem Opfer und schlingen sie unzerkaut hinunter.

Erdmännchen erbeuten Heuschrecken, Skorpione und andere kleine Lebewesen.

Skorpione fressen Heuschrecken und andere Insekten. Mit ihren Scheren halten sie die Beute fest.

Ein Adler kann herabstoßen und ein Erdmännchen erbeuten.

Nichts geht verloren

In der Natur wird nichts verschwendet. Aasfresser wie Geier und Hyänen ernähren sich von toten Tieren. Zersetzer wie Würmer und Mistkäfer bauen die Überreste von Pflanzen und Tieren ab. Die Nährstoffe gelangen wieder in den Boden, sodass die Pflanzen wachsen können.

Geier fressen Tiere, die bereits tot sind.

Bakterien und Würmer zersetzen die Reste, die übrig bleiben, wenn die Aasfresser satt sind.

Zebra

In der Serengeti in Ostafrika leben Zebras in Familiengruppen, die man Harems nennt. Ein typischer Harem besteht aus einem Männchen und mehreren Weibchen mit ihren Fohlen. Die Harems sammeln sich zu großen Herden aus Hunderten oder manchmal Tausenden Zebras. Jedes Jahr ziehen diese Herden umher. Die Tiere sind auf der Suche nach frischem Gras und folgen deshalb den Regenfällen.

Die Hengste kämpfen

Zebras in der südlichen Serengeti pflanzen sich in der Regenzeit fort, wenn es viel Gras für die Fohlen gibt. Die Hengste kämpfen, um auszufechten, wer sich mit den Stuten paaren darf.

Beschnuppern

Die Hengste und Stuten beschnuppern sich vor der Paarung. Die dominante Stute im Harem bekommt am häufigsten Fohlen, deren Rang gegenüber den anderen höher ist.

Geburt

Die Stuten sind etwas länger als ein Jahr trächtig und müssen in dieser Zeit sehr weite Strecken laufen. Wenn die Mütter die Fohlen zur Welt gebracht haben, halten sie diese in den ersten Lebenstagen von der Gruppe fern, um sie ganz auf sich zu prägen.

Das Streifenmuster jedes Zebras ist einzigartig, ähnlich wie ein Fingerabdruck.

Große Wanderung

Jedes Jahr ziehen die Zebras in großen Herden gemeinsam mit Gnus und Antilopen im Uhrzeigersinn durch die Serengeti. Sie folgen dem Regen. Im Winter sind sie wieder im Süden. Dann kommen die Fohlen zur Welt.

Zebrafohlen

Die meisten Fohlen kommen im Januar und Februar zur Welt. Kurz nach der Geburt können sie bereits stehen. Sie werden bis zu einem Jahr lang gesäugt. Raubtiere erbeuten manchmal die Hälfte aller Fohlen.

Mehr erfahren

Auch Haie (S. 88–89), Meeresschildkröten(S. 102–103) und Kaiserpinguine (S. 108–109) wandern im Jahr weite Strecken.

Madenhacker Diese Vögel fressen lästige Parasiten der Zebras, wie Zecken, Flöhe und Stechfliegen. Mit ihren Alarmrufen warnen sie das Zebra, wenn sich ein Feind nähert.

Gnu Zebras und Gnus leben oft in gemeinsamen Herden und ziehen durch die Serengeti. Die Tragezeit der Gnus ist jedoch kürzer als die der Zebras.

Giraffe Auch Giraffen leben in der Serengeti. Aber sie können nicht schwimmen und keine Flüsse überqueren, deshalb ziehen sie nicht umher. Sie überstehen die Trockenzeit, indem sie Akazienblätter fressen.

Klappmützenrobben Die Weibchen säugen ihre Jungen nur etwa 4 Tage lang. Kein anderes Säugetier bildet eine so fettreiche Milch. Die Kleinen legen sich schnell eine wärmende Speckschicht zu.

Spitzmaulnashorn Die Milch von Spitzmaulnashörnern enthält nur sehr wenig Fett. Diese Tiere säugen ihre Kälber bis zu 2 Jahre lang.

Taube Tauben gehören zu den wenigen Vögeln, die ihre Küken mit einer milchähnlichen, fettreichen Flüssigkeit füttern. Sie wird in ihrem Kropf gebildet.

Paarung

Im Frühsommer paaren sich die geschlechtsreifen Bären. Dazu folgen die Männchen den Duftspuren der Weibchen, die sie mit den Tatzen im Eis hinterlassen. Nur wenige Tage sind die Paare beisammen.

Das Weibchen gräbt an einer geeigneten Stelle eine Höhle in den Schnee. Sie ist nur etwas größer als die Bärin selbst.

Vorbereitung auf die Geburt

Nach der Paarung entwickeln sich die befruchteten Eizellen in der Gebärmutter des Weibchens nicht sofort, sondern erst im Herbst. Deshalb kommen die Jungen im Frühjahr zur Welt, wenn es mehr Nahrung gibt. Für die Winterruhe und die Geburt der Jungen gräbt das Weibchen eine Höhle.

Geburt im Winter

Die meisten Weibchen bringen im Dezember Zwillinge zur Welt und säugen sie mit ihrer fettreichen Milch. Die Jungen sind kaninchengroß und wiegen etwa 600 g. Sie sind blind und haben ein dünnes Fell.

Die Eisbärenmutter lebt bis zu 8 Monate lang von ihren Fettreserven.

Eisbär

Eisbären leben auf dem Packeis, das auf dem Arktischen Ozean treibt. Die Raubtiere sind sehr gute Schwimmer und halten es stundenlang im eiskalten Wasser aus. Die Mütter beschützen ihre Jungen und beobachten die Kleinen ständig, wenn sie auf dem Eis miteinander spielen.

In der Höhle

Die Milch der Eisbärin enthält sehr viel Fett, sodass die Jungen rasch heranwachsen. Sie bleiben wochenlang in der Höhle, bis sie so kräftig sind, dass sie ihrer Mutter bis zum Rand des Packeises folgen können.

Im Frühjahr kommen die Jungen aus der Höhle.

Jagd auf dem Eis

Der Frühling ist eine gute Zeit, um zu jagen. Die hungrige Mutter kommt allmählich wieder zu Kräften und zeigt ihren Jungen, wie man jagt und schwimmt.

Heranwachsen

Die Jungen werden immer größer und kräftiger, denn die Robben sind fett. Sie bleiben 2 bis 3 Jahre lang bei ihrer Mutter. Wenn sie selbstständig geworden sind, leben sie allein und kommen nur mit anderen Eisbären zusammen, um sich zu paaren.

Mehr erfahren

Auch der Kaiserpinguin (S. 108–109) bekommt in einer Polarregion Junge, aber am anderen Ende der Welt.

Die Haut des Eisbären ist schwarz und sein Fell durchsichtig. Es erscheint weiß, weil es das Licht reflektiert.

Nacktmull

Kein anderes Säugetier hat einen ähnlichen Lebenszyklus wie die Nacktmulle. Diese Nagetiere leben in großen Kolonien in unterirdischen Bauen, wo sie ähnlich wie Bienen oder Ameisen einen Tierstaat bilden. Nur ein dominantes Weibchen bekommt Junge – die Königin.

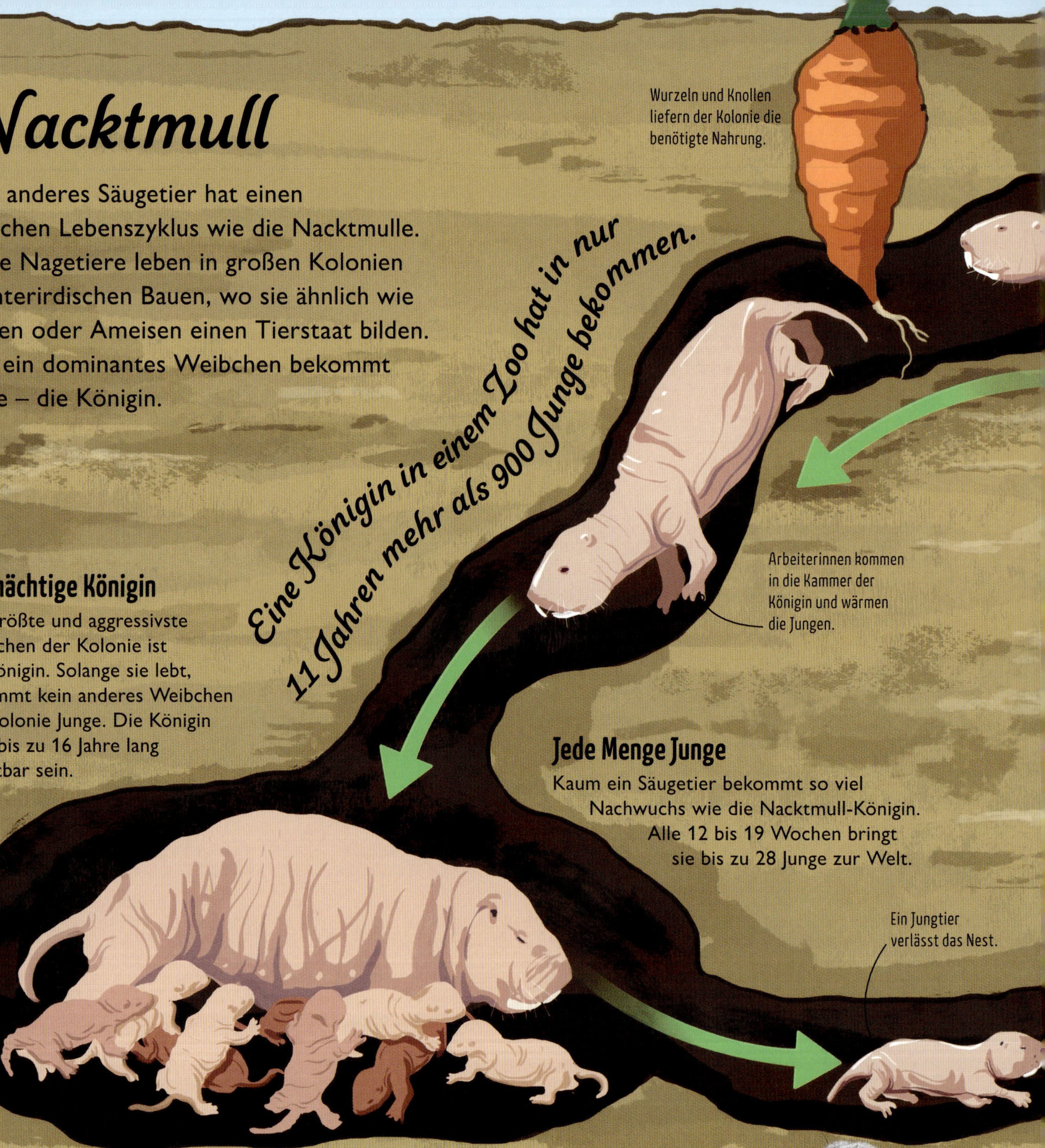

Eine Königin in einem Zoo hat in nur 11 Jahren mehr als 900 Junge bekommen.

Die mächtige Königin

Das größte und aggressivste Weibchen der Kolonie ist die Königin. Solange sie lebt, bekommt kein anderes Weibchen der Kolonie Junge. Die Königin kann bis zu 16 Jahre lang fruchtbar sein.

Jede Menge Junge

Kaum ein Säugetier bekommt so viel Nachwuchs wie die Nacktmull-Königin. Alle 12 bis 19 Wochen bringt sie bis zu 28 Junge zur Welt.

Maulwürfe Nacktmulle sind Vegetarier, während Maulwürfe Würmer fressen. Sie sind Einzelgänger und verteidigen ihr Revier. Männchen und Weibchen treffen sich nur kurz, um sich miteinander zu paaren.

Erdmännchen Diese Raubtiere leben in Kolonien in Erdbauen. Ein dominantes Paar bekommt die Jungen und die anderen Koloniemitglieder helfen beim Babysitten.

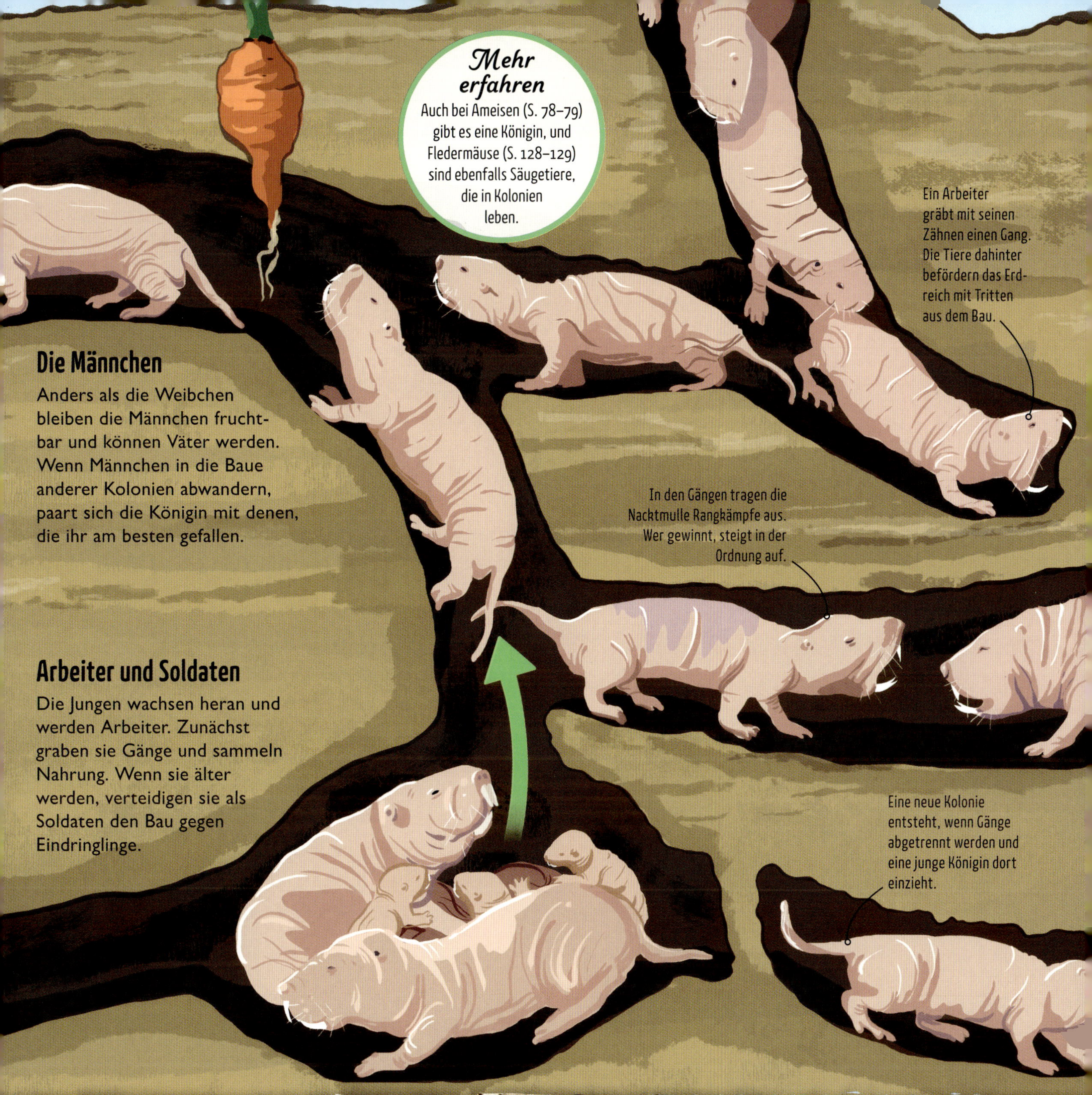

Mehr erfahren

Auch bei Ameisen (S. 78–79) gibt es eine Königin, und Fledermäuse (S. 128–129) sind ebenfalls Säugetiere, die in Kolonien leben.

Die Männchen

Anders als die Weibchen bleiben die Männchen fruchtbar und können Väter werden. Wenn Männchen in die Baue anderer Kolonien abwandern, paart sich die Königin mit denen, die ihr am besten gefallen.

Arbeiter und Soldaten

Die Jungen wachsen heran und werden Arbeiter. Zunächst graben sie Gänge und sammeln Nahrung. Wenn sie älter werden, verteidigen sie als Soldaten den Bau gegen Eindringlinge.

Termiten Diese sozialen Insekten leben in Kolonien, in denen es eine Königin gibt, die die Eier legt. Arbeiter kümmern sich um das Nest. Einige Termitenarten leben in Nestern mit komplizierten Gangsystemen.

Ausgewachsene Große Braune Fledermäuse haben eine Flügelspanne von etwa 33 cm. Ihr Körper ist 12 cm lang. Weibchen sind etwas größer als Männchen.

Im Quartier

Am Morgen sind die Fledermäuse in ihr Quartier in einem hohlen Baum, einer Höhle oder einem Gebäude zurückgekehrt. Im Herbst, wenn es kälter wird, verbringen sie dort immer mehr Zeit.

Mehr erfahren

Lies nach, wie Eisbären (S. 124–125) den Winter verbringen.

Insektenjagd

Die Fledermäuse fliegen vor allem in warmen Sommernächten, wenn viele Insekten unterwegs sind. Manche sind bereits am späten Nachmittag aktiv, aber die meisten jagen erst einige Stunden nach Sonnenuntergang und während der ganzen Nacht.

Der erste Flug

Wenn sie 3 oder 4 Wochen alt sind, unternehmen die Jungen kurze Flüge. Sie lernen, sich mittels Echoortung im Dunkeln zurechtzufinden und Insekten zu jagen.

Vampirfledermaus Diese Fledermäuse trinken das Blut von Säugetieren. Sie würgen es wieder hoch, um damit ihre Jungen zu füttern. Sogar Fledermäuse aus anderen Familien werden mit dem Blut gefüttert.

Echoortung Fledermäuse fangen Insekten mittels Echoortung. Sie finden auf diese Weise ihre Beute und umgehen Hindernisse. Dabei stößt die Fledermaus extrem hohe Laute aus und lauscht auf deren Echo. Mit ihrem Gehör erkennt die Fledermaus, ob ein Insekt oder etwa ein Baum in der Nähe ist.

Paarung und Winterschlaf

Die erwachsenen Großen Braunen Fledermäuse paaren sich meist im September. Im Winter, wenn es weniger Insekten gibt, halten sie Winterschlaf. Die Körpertemperatur sinkt und die Tiere verlieren Gewicht, aber sie überleben dank ihrer Fettreserven.

Fledermaus

Fledertiere sind die einzigen Säugetiere, die fliegen können wie die Vögel. Statt Federn haben sie dünne Flughäute. Manche Fledertiere fressen Früchte, aber die meisten Fledermäuse fangen Insekten. Die Große Braune Fledermaus kommt in Nordamerika vor.

Wochenstube

Obwohl sich die Fledermäuse im Herbst paaren, werden die Weibchen erst nach dem Winterschlaf im Frühjahr trächtig. Sie sammeln sich in Quartieren, die man Wochenstuben nennt. Nach etwa 60 Tagen werden die Jungen geboren.

Babysitten

Ende April bis Anfang Juli bringen die Weibchen ein oder zwei Junge zur Welt. Sie wiegen etwa 3 g und sind zunächst blind und hilflos. Die Weibchen kümmern sich um ihre eigenen Jungen und auch um die anderer Familien.

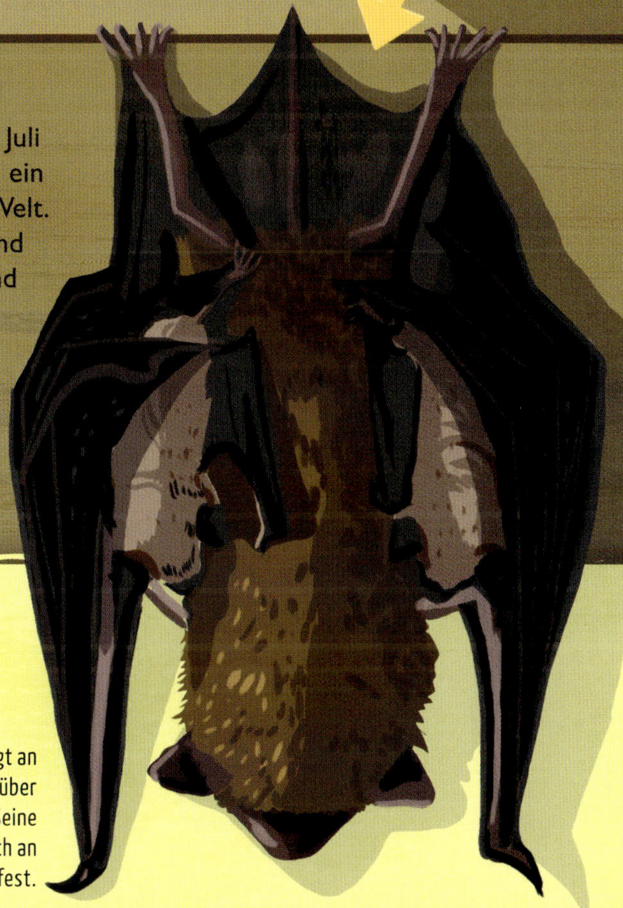

Das Weibchen hängt an seinen Füßen kopfüber an der Decke. Seine Jungen halten sich an ihm fest.

Für Landwirte sind Fledermäuse nützlich, denn sie fressen Insekten, die Nutzpflanzen schädigen.

Falter-Trick Eine Nachtfalterart stört das Echoortungssystem der Fledermäuse mit den eigenen Lauten. Deshalb werden die Falter nicht erbeutet.

Orang-Utan

Orang-Utans sind die größten Menschenaffen, die auf Bäumen leben. Mit ihren langen Armen und den Greifhänden bewegen sie sich geschickt durch die tropischen Wälder Indonesiens. Sie pflanzen sich nur sehr langsam fort. Die Weibchen bringen etwa alle 6 bis 8 Jahre meist nur ein Junges zur Welt. Im Lauf ihres Lebens bekommen sie 3 bis 4 Jungtiere.

Orang-Utans pflanzen sich besonders dann fort, wenn viele Früchte an den Bäumen reifen.

Partnersuche

Orang-Utans treffen sich nur, um sich zu paaren. Dominante große Männchen locken mit ihren Rufen, die man noch in 1 km Entfernung hören kann, Weibchen an.

Erwachsene Männchen haben Backenwülste. Die Weibchen finden das schön.

Mehr erfahren
Auch der Wanderalbatros (S. 110–111) kümmert sich sehr lange um sein Küken.

Mutter und Baby

Die Weibchen haben eine Tragezeit von 8 Monaten. Wenn das Baby geboren wird, biegt die Mutter Äste zu einer Schlafplattform und baut aus Blättern und Zweigen ein Nest. Das Junge wird ungefähr 2 Jahre lang gesäugt und bleibt bis zu 9 Jahre bei seiner Mutter.

Jede Nacht klettert die Mutter mit ihrem Kind zum Baumnest empor.

Erwachsen werden

Ältere Jungtiere lernen, in den Bäumen zu klettern und Zweige geschickt als Werkzeuge zu benutzen. Orang-Utans sind nicht so sozial wie andere Menschenaffen. Sie leben während der meisten Zeit als Einzelgänger.

Familienleben

Das Junge bleibt in der Nähe seiner Mutter. Junge Orang-Utans schneiden Grimassen und kommunizieren mit Signalen. Die Mutter bringt ihm bei, wie es Früchte finden und ein Nest bauen kann.

Orang-Utans fressen vor allem Früchte und junge Blätter. Sie mögen auch Baumrinde und Insekten, wie Ameisen und Grillen.

Die Durianfrucht ist sehr begehrt.

Elefant Wie Orang-Utan-Mütter kümmern sich auch Elefantenweibchen lange um ihr Junges – bis zu 8 Jahre lang. Zuerst bleibt das Kleine nah bei der Mutter und lernt, wie man sich in der Herde richtig verhält. Wenn es ein wenig älter ist, kann es seinen Rüssel bei der Nahrungssuche immer geschickter einsetzen.

Kalifornischer Kondor Diese Vögel brüten nur jedes zweite Jahr, deshalb können sie sich länger um ihren Nachwuchs kümmern. Beide Eltern brüten abwechselnd, füttern das einzige Junge und bringen ihm bei, wie man fliegt. Das Junge bleibt im ersten Jahr meist im Nest. Im zweiten Jahr lernt es, wie man Beute jagt.

Die Entwicklung des Menschen

Wenn du das hier lesen kannst, musst du ein Mensch sein. Denn der Mensch ist die einzige Tierart, die eine Schrift entwickelt hat. Das ist nur eines der Merkmale, die uns einzigartig machen. Wir sprechen Sprachen, können abstrakt denken und vieles mehr. All das hat sich im Lauf der Evolution entwickelt.

Faustkeile sind vielseitige Werkzeuge.

Schimpansen sind unsere nächsten Verwandten.

65 Mio.

Erste Säugetiere

Die ersten Säugetiere sind klein und haben sich aus säugerähnlichen Reptilien entwickelt. Als ein großer Meteorit auf der Erde einschlägt, sterben die Dinosaurier aus. Nun können die Säugetiere ihren Platz einnehmen.

12 Mio.

Unsere ältesten Vorfahren

Zu dieser Zeit gibt es Tiere, die ähnlich aussehen wie die heute lebenden Orang-Utans und Schimpansen. Sie gehören offenbar zu den ersten Vorfahren der Menschen.

Man bezeichnet die ganze Familie als Hominiden oder Menschenaffen.

10 Mio.

Verschiedene Arten

Aus den Vorfahren von Mensch und Schimpansen entwickeln sich allmählich verschiedene Arten. Während die Vorfahren der Schimpansen auf Bäumen leben und auf allen vieren laufen, leben unsere Vorfahren am Boden.

Unsere Vorfahren verbringen mehr Zeit am Boden.

3,5 Mio.

Steinwerkzeuge

Frühe Menschen stellen mit ihren Händen einfache Steinwerkzeuge her, um Fleisch und Pflanzen zu zerteilen und zu verarbeiten. Das ist der Beginn der Steinzeit. Unsere Vorfahren laufen jetzt aufrecht.

Nun laufen unsere Vorfahren aufrecht auf ihren Beinen.

Mio. = Vor Millionen Jahren
TJ. = Vor tausend Jahren

Die Entdeckung des Feuers half den Menschen, um zu kochen, sich zu wärmen und zu schützen.

2,5 Mio.

1,7 Mio.

100 TJ.

12 TJ.

Intelligenz

Mit Steinwerkzeugen können die frühen Menschen vielfältigere Nahrung verarbeiten. Sie werden immer geschickter im Herstellen von Werkzeugen. Dafür müssen sie schlau sein. Die Intelligentesten haben die besten Überlebenschancen.

Jagd und Sprache

Als unsere Vorfahren immer intelligenter werden, stellen sie Werkzeuge her, um große Tiere zu jagen. Die Jagd ist eine gefährliche Sache, deshalb müssen sie planen und im Team arbeiten. Sie sind klug und können ihre Ideen den anderen erklären. So entwickelt sich die Sprache.

Schließlich leben Menschen in allen Regionen der Erde, außer auf Antarktika.

Auf Wanderschaft

Der moderne Mensch entwickelt sich in Afrika. Er geht auf Wanderschaft und besiedelt neue Kontinente. In manchen Gegenden ist es kalt, und es gibt seltsame Tiere, wie Wollhaarmammuts.

Die Menschen werden sesshaft und gründen Dörfer. Sie halten Tiere und bauen Pflanzen an.

Frühe Menschen jagen mit Speeren Wollhaarmammuts.

Siedlungen und Städte

Die Menschen müssen auf der Jagd ständig umherziehen. Dann lassen sich einige von ihnen nieder und werden Bauern. Sie errichten Häuser und Höfe und schließlich Dörfer und Städte. Sie beginnen auch Handel zu treiben. Allmählich entwickelt sich unsere moderne Welt.

Kleinkinder

In den ersten Jahren wachsen die Kinder schnell, aber sie sind noch ganz von ihren Eltern abhängig und werden gefüttert. Wenn ihre Muskeln kräftiger werden, krabbeln sie, und schließlich lernen sie laufen. Nun sprechen sie die ersten Wörter.

Kindheit

Kinder wachsen langsam und lernen vieles, wie das Laufen, Sprechen und Lesen. Sie spielen miteinander. Jedes Kind entwickelt sich in seiner eigenen Geschwindigkeit.

Der Kopf eines Babys ist riesig im Verhältnis zu seinem Körper. So hat das große Gehirn genügend Platz.

Mutter werden

Die Gebärmutter zieht sich zusammen, um das Baby hinaus in die Welt zu befördern. Wie alle Säugetiere trinkt es die Milch seiner Mutter. Meistens bekommt eine Mutter nur ein Baby, aber manchmal sind es Zwillinge oder sogar noch mehr Kinder gleichzeitig.

Teenager

Teenager sehen immer erwachsener aus und werden unabhängiger von ihren Eltern. Nach einer Entwicklungsphase, die man Pubertät nennt, können sie selbst Kinder bekommen.

Befruchtung Um ein Kind zu bekommen, muss die Eizelle einer Frau mit der Samenzelle eines Mannes verschmelzen. Man bezeichnet das als Befruchtung. So beginnt das Leben jedes Menschen.

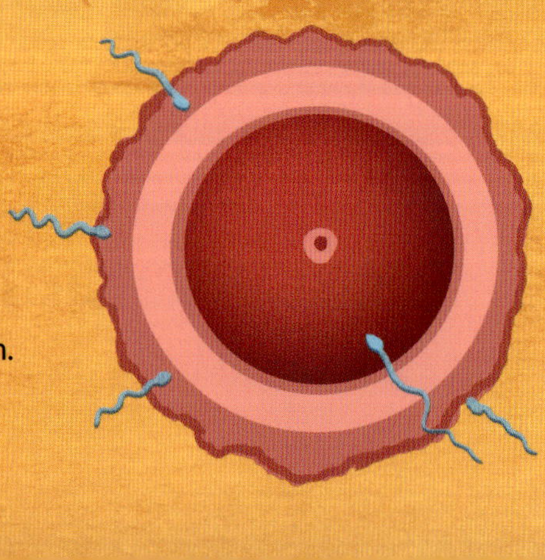

Embryo Die befruchtete Eizelle wandert in die Gebärmutter und nistet sich dort ein. Sie teilt sich in immer mehr Zellen und der Embryo entsteht. Nach 8 Wochen sind Gesicht, Arme, Beine und innere Organe ausgebildet.

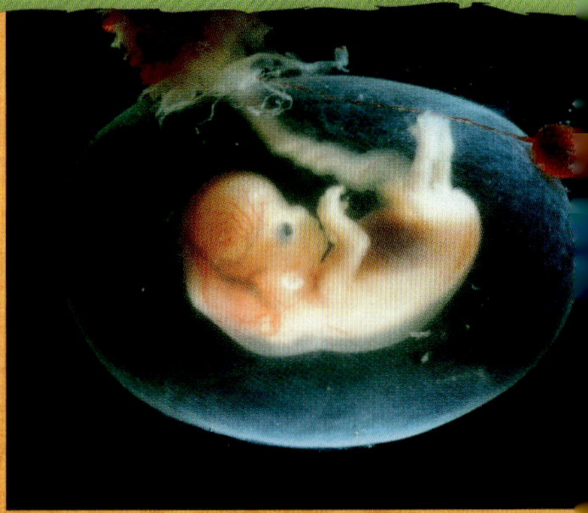

Menschen

Wir gehören zur Art *Homo sapiens*, einer Säugetierart, die mehr als 100 Jahre alt werden kann. Die Eltern kümmern sich viele Jahre lang um ihre Kinder, länger als die meisten anderen Säugetiere. Auf der ganzen Erde sehen die Menschen ein bisschen anders aus. Sie sind unterschiedlich groß und haben eine andere Haut-, Augen- oder Haarfarbe.

Junge Erwachsene

Ungefähr mit 20 Jahren ist der Körper vollständig entwickelt. Die jungen Leute sind selbstständig und leben mit anderen Männern oder Frauen zusammen.

In der Lebensmitte

Mit 40 bis 60 Jahren erreichen das Denken und die Erfahrung einen Höhepunkt, aber es treten erste Anzeichen des Alters auf. Manche Menschen werden jetzt noch Eltern. Doch die Fruchtbarkeit der Frauen ist jetzt stark eingeschränkt.

Das Alter

In dieser letzten Phase des Lebens sind die Zeichen des Alters deutlich. Die Haare sind grau und die Haut ist faltig. Die Augen und das Gehör sind schwächer geworden und die Gelenke steifer. Wenn man Sport macht und sich gesund ernährt, läuft dieser Prozess langsamer ab.

Mehr erfahren

Auch Orang-Utans (S. 130–131), unsere nahen Verwandten, kümmern sich lange Zeit um ihre Jungen.

Schwangerschaft Das Baby entwickelt sich bis zur Geburt 9 Monate lang im Bauch der Mutter. Mit 24 Wochen kann es bereits die Stimme seiner Mutter erkennen. Einen Monat später wachsen ihm Haare und die Augenlider öffnen sich.

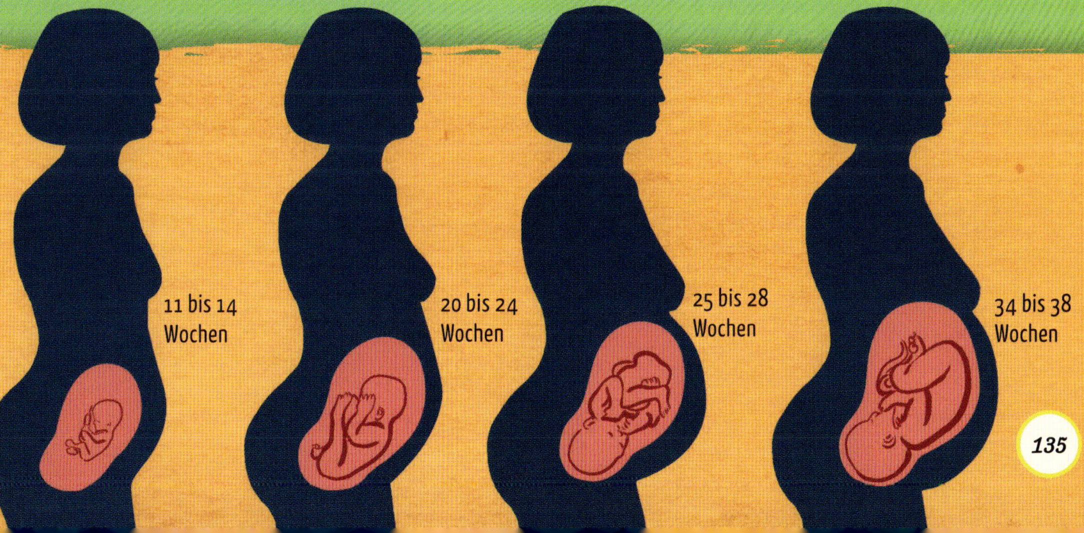

Umweltzerstörung

Wir Menschen richten auf der Erde jede Menge Schaden an. Wir verbrennen fossile Kraftstoffe, um Energie zu gewinnen, und zerstören damit Klima und Umwelt. Wir hinterlassen überall unseren Abfall – sogar in den Meeren. Die Ressourcen der Erde verbrauchen wir, als würden sie niemals zu Ende gehen, und wir rotten sehr viele Tier- und Pflanzenarten für immer aus. Wenn wir unser Verhalten jedoch jetzt ändern, können wir dazu beitragen, alle Lebewesen auf der Erde zu schützen.

Verschmutzung

Weil die Bevölkerung wächst, verbrauchen wir immer mehr Ressourcen und produzieren noch mehr Abfall. Autos, Fabriken und Müll verschmutzen die Luft, das Land und das Meer und schädigen Tiere und Pflanzen. Die Lebewesen im Meer schlucken Plastik, das im Meer gelandet ist. Sie werden krank oder sterben.

Probleme …

Erderwärmung

Wenn wir Energie aus fossilen Kraftstoffen gewinnen, erhöht sich vor allem der Anteil von Kohlenstoffdioxid in der Atmosphäre. Das führt zu einem Treibhauseffekt: Auf der ganzen Erde wird es wärmer. Dies wirkt sich sehr stark auf alle Lebewesen und auf die Kreisläufe der Natur aus.

… und Lösungen!

Nachhaltige Energien

Mit neuen Technologien können wir Energie erzeugen, ohne das Klima zu verändern und die Erde zu verschmutzen. Solche nachhaltigen Energiequellen sind z. B. die Sonne, der Wind und die Wellen des Meeres.

Lebensräume werden vernichtet

Wir nutzen etwa 30 % des Festlands, um Pflanzen anzubauen, von denen wir uns und unsere Nutztiere ernähren oder Energie gewinnen. Etwa die Hälfte der Wälder der Erde haben wir bereits gerodet. Die Lebensräume vieler Tier- und Pflanzenarten sind deshalb bedroht.

Unnötige Jagd

Jäger töten Elefanten wegen ihrer Stoßzähne, Tiger wegen ihres Fells und ihrer Knochen sowie Nashörner, um das Horn auf der Nase zu verkaufen. Jedes Jahr werden deshalb Millionen Tiere getötet. Viele Tierarten sterben aus oder sind stark gefährdet.

Ökologische Landwirtschaft

Wir können die Vielfalt der Pflanzen und Tiere in einem Gebiet fördern, indem wir verschiedene Pflanzen anbauen und Lebensräume für Vögel, Insekten und andere Wildtiere schaffen.

Durch unser Handeln rotten wir Menschen täglich Tier- und Pflanzenarten für immer aus.

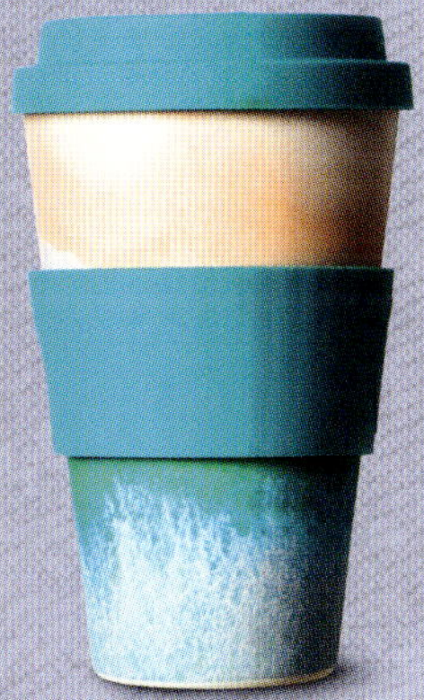

Abfall vermeiden

Recycling bedeutet, Abfall zu neuen Dingen zu verarbeiten. Wenn man Gegenstände wiederverwertet, statt sie wegzuwerfen, spart man Ressourcen. Das ist gut für die Natur und für uns.

Glossar

Algen Relativ einfach gebaute pflanzenähnliche Lebewesen, die mit Hilfe der Energie des Sonnenlichts Nährstoffe herstellen.

Anadrome Fische Fische, wie z. B. Lachse, die vom Meer in die Flüsse ziehen, um im Süßwasser abzulaichen.

Atmosphäre Eine Gashülle, die einen Planeten umgibt.

Außenskelett Ein robustes Skelett, das den Körper vieler Tiere, etwa den von Insekten und Krebsen, umgibt und schützt.

Balz Bei vielen Tierarten werben die Männchen um die Weibchen. Dieses Verhalten sorgt dafür, dass sich die Partner fortpflanzen.

Befruchtung Bei der Befruchtung verschmelzen eine männliche und eine weibliche Geschlechtszelle miteinander, sodass sich ein neues Lebewesen entwickeln kann.

Bestäubung Pollen wird dabei von den männlichen Teilen einer Blüte zu den weiblichen Teilen einer anderen Blüte befördert, sodass sich Früchte mit Samen entwickeln können.

Beute Ein Tier, das von anderen Tieren getötet und gefressen wird.

Brüten Das Warmhalten der Eier bis zum Schlüpfen, sodass sich die Jungen im Inneren entwickeln können.

Ei Bei den Weibchen vieler Tiere entwickelt sich aus der befruchteten Eizelle ein Ei im Körper des Muttertiers. Die Eier von Vögeln und Reptilien sind von einer robusten Schale umgeben.

Eizelle Eine weibliche Geschlechtszelle, die von einer männlichen Geschlechtszelle (der Samenzelle) befruchtet werden muss, damit sich ein neues Lebewesen entwickeln kann.

Embryo Ein frühes Entwicklungsstadium eines Tiers oder einer Pflanze.

Erdkruste Die äußerste, feste Schicht der Erde.

Erdmantel Die Schicht zwischen der äußersten, festen Kruste der Erde und ihrem Kern im Zentrum.

Erosion Vorgang, bei dem Gesteine abgetragen und die Bruchstücke von Wind, Wasser oder Gletschereis abtransportiert werden.

Fortpflanzung Wenn Menschen oder Tiere Nachwuchs bekommen.

Frucht Aus einer Blüte entwickelt sich eine Frucht, die Samen enthält. Manche Früchte haben eine fleischige Schale und werden von Tieren gefressen, die den Samen verbreiten.

Galaxie Eine gigantisch große Ansammlung von Sternen, Gas- und Staubwolken im Universum.

Gefährdet Eine Tier- oder eine Pflanzenart ist gefährdet, wenn es sehr wahrscheinlich ist, dass sie in naher Zukunft aussterben könnte.

Geschlechtszellen Diese Zellen sind entweder männlich (Samenzellen) oder weiblich (Eizellen). Geschlechtszellen sind für die Fortpflanzung notwendig.

Häutung Viele Tiere, wie Insekten und Krebse, werfen ihr zu klein gewordenes Außenskelett regelmäßig ab, während sie wachsen.

Keimen Wenn sich aus einem Samen eine junge Pflanze entwickelt.

Klon Klone entstehen bei der ungeschlechtlichen Vermehrung. Die Nachkommen sind Ebenbilder (Kopien) des Tiers oder der Pflanze, von der sie abstammen.

Kokon Bei manchen Insekten, die eine vollständige Metamorphose (Verwandlung) durchlaufen, schützt ein Kokon aus Seide die Puppe.

Kolonie Lebewesen derselben Art, die gemeinsam in einem Nest, Bau oder Stock leben und zusammenarbeiten, sodass die ganze Kolonie gut funktioniert.

Kommensalismus Bei dieser wechselseitigen Beziehung zweier Arten profitiert eine Art, während die andere weder einen Vorteil hat noch geschädigt wird.

Larve Ein junges Tier, das seinen Eltern noch nicht besonders ähnelt. Es verwandelt seine Gestalt, während es heranwächst.

Lava Heiße Gesteinsschmelze, die aus einem Vulkan herausfließt oder bei einem explosiven Ausbruch herausgeschleudert wird.

Magma Heiße Gesteinsschmelze, die sich unter der Erdoberfläche befindet.

magmatisches Gestein Ein Gestein, das sich bildet, wenn Magma in der Erdkruste abkühlt oder an der Oberfläche auskühlt und schließlich erhärtet.

Membran Eine sehr dünne Schicht.

Metamorphes Gestein Es bildet sich, wenn Gestein unter großem Druck und hohen Temperaturen in der Erdkruste verändert wird.

Metamorphose Manche Tiere verändern ihre Gestalt innerhalb ihres Lebenskreislaufs deutlich, während sie sich zum erwachsenen Tier entwickeln.

Milchdrüsen Die Milchdrüsen der Säugetier-Weibchen bilden Milch, mit der die Jungen ernährt werden.

Nabelschnur Verbindet den Blutkreislauf der Mutter mit dem des ungeborenen Embryos. Er erhält so alle Nährstoffe, die er braucht.

Nährstoffe Organische und anorganische Stoffe, die alle Lebewesen aufnehmen und verarbeiten müssen, um leben und wachsen zu können.

Nebel So nennt man die gigantischen Wolken aus Gas und Staub im Weltall.

Nektar Blüten sondern die zuckerhaltige Flüssigkeit ab, um Tiere anzulocken, damit sie den Pollen verbreiten.

Nuss Eine harte, trockene Frucht, die einen Samen enthält.

Paarung Ein Männchen und ein Weibchen paaren sich, um gemeinsam Junge zu bekommen.

Pangäa Der Superkontinent existierte vor 320 bis 200 Mio. Jahren. Dann zerbrach er in viele kleinere Kontinente.

Parasit Ein Lebewesen, das im oder am Körper eines anderen Lebewesens lebt und sich von ihm ernährt.

Pilz Lebewesen, das Nährstoffe anderer (meist toter) Lebewesen aufnimmt.

Polyp Meerestier mit einem hohlen, zylindrischen Körper und einem Ring aus Tentakeln, der eine Mundöffnung umgibt. Der Polyp ist ein Stadium im Lebenskreislauf von Korallen.

Protostern Ein junger Stern, der sich bildet, wenn Kernreaktionen in einer heißen, rotierenden Wolke aus Gas und Staub stattfinden.

Puppe Ruhestadium im Lebenskreislauf mancher Insekten, wie z. B. Schmetterlingen, Bienen und Ameisen, bei dem sich die Larve in das erwachsene Tier verwandelt. Dabei wird der Körper vollständig umgewandelt.

Räuber Ein Tier, das andere Tiere tötet, um sich von ihnen zu ernähren.

Revier Ein Gebiet, das ein Tier gegen Rivalen verteidigt.

Roter Riese Ein riesiger rötlich leuchtender Stern, dessen Temperatur an der Oberfläche nicht sehr hoch ist.

Samen Der Same einer Pflanze hat eine Schale und enthält einen Pflanzenembryo sowie einen Nährstoffvorrat.

Saugrüssel Bei Schmetterlingen sind die Mundwerkzeuge zu einer langen Röhre umgebildet, mit der diese Insekten Blütennektar trinken.

Schule Delfine und Wale leben in Gruppen, die man Schulen nennt.

Schwarzer Zwerg Die dunklen, abgekühlten Überreste eines Weißen Zwergs im Weltall.

Schwarzes Loch Eine Region im Weltall, wo die Schwerkraft so stark ist, dass nicht einmal Licht ihr entkommen kann. Ein Schwarzes Loch bildet sich, wenn ein großer Stern kollabiert.

Sedimente Organische oder mineralische Materialien, die sich am Grund von Seen, Flüssen oder Meeren ablagern.

Sedimentgestein Ein Gestein, das sich aus Sedimenten gebildet hat.

Sexuelle Fortpflanzung Bei dieser Art der Fortpflanzung bekommen ein Männchen und ein Weibchen miteinander Junge.

Sperma Flüssigkeit, die männliche Tiere abgeben. Sie enthält die Geschlechtszellen (Spermien).

Sporen Pilze, Moose und Farne bilden Sporen. Eine Spore kann zu einem neuen Pilz oder einer jungen Pflanze heranwachsen.

Steinfrucht Eine Frucht, die einen harten Stein enthält, in dem sich der Same befindet. Kokosnüsse, Pflaumen, Kirschen und Pfirsiche sind z. B. Steinfrüchte.

Superkontinent Im Lauf der langen Geschichte der Erde bildeten alle Kontinente vor langer Zeit einen einzigen riesigen Superkontinent.

Tektonische Platte Die harte Erdkruste besteht aus riesigen Platten, die auf dem zähflüssigen Gestein des Erdmantels driften.

Ungeschlechtliche Vermehrung Bei dieser Art der Vermehrung pflanzt sich ein Lebewesen ohne einen Partner fort. Dabei muss keine weibliche Eizelle mit einer männlichen Geschlechtszelle verschmelzen.

Verdunstung Wenn sich eine Flüssigkeit in Gas verwandelt.

Wanderung Viele Tiere ziehen im Jahresverlauf weite Strecken, um anderswo Nahrung zu finden oder Junge zu bekommen.

Weißer Zwerg Kleiner, kompakter alter Stern mit hoher Oberflächentemperatur und schwacher Leuchtkraft.

Winterschlaf Ruhezustand, in dem manche Säugetiere den kalten Winter überstehen.

Wirt So nennt man ein Lebewesen, von dem sich ein anderes Tier (ein Parasit) ernährt.

Zwitter Lebewesen, die männliche und weibliche Geschlechtsorgane besitzen. Etwa 15 % aller mehrzelligen Tiere sind Zwitter, z. B. die Regenwürmer.

Register

G

H

I

J

K

L

M

N

O

P

Q

R

S

Dank und Bildnachweis

Der Verlag dankt folgenden Personen und Organisationen für die freundliche Genehmigung zum Abdruck von Fotos:

(Abkürzungen: o = oben, u = unten, m = Mitte, l = links, r = rechts, g = ganz)

11 Alamy Stock Photo: Granger Historical Picture Archive (mro). **NASA:** JPL / STScI Hubble Deep Field Team (mr). **12 Dorling Kindersley:** NASA (um). **NASA:** NASA Goddard (ur). **16 NASA:** Aubrey Gemignani (ur); JPL / USGS (um). **18 Getty Images:** Chris Saulit (mlo). **NASA:** ESA (ul). **22 Dorling Kindersley:** Natural History Museum, London (um). **Dreamstime.com:** Mikepratt (ur). **23 Dorling Kindersley:** Katy Williamson (um). **Dreamstime.com:** Yekaixp (ur). **25 123RF.com:** welcomia (mro). **26 Dorling Kindersley:** Dorset Dinosaur Museum (ur); Royal Tyrrell Museum of Palaeontology, Alberta, Kanada (um). **27 123RF.com:** Camilo Maranchón García (ur).**Dreamstime.com:** Likrista82 (um). **29 Dreamstime.com:** Toniflap (mro). **30 Alamy Stock Photo:** Nature Picture Library (ur). **Dreamstime.com:** Kelpfish (um). **31 Dorling Kindersley:** Museo Archeologico Nazionale di Napoli (ur). **Dreamstime.com:** Dariophotography (um). **33 Alamy Stock Photo:** Peter Eastland (mr). **Dreamstime.com:** Anizza (mro); Yurasova (ur). **35 Dreamstime.com:** Benjaminboeckle (mr); John Sirlin (mro). **NASA:** Jesse Allen, Earth Observatory, mit Daten des MODIS Rapid Response Teams (ur). **37 Alamy Stock Photo:** Tsado (ur). **iStockphoto.com:** Francesco Ricca Lacomino (mro). **38 Dreamstime.com:** Rudolf Ernst (ul). **NASA:** Jeremy Harbeck (um). **39 Dreamstime.com:** Staphy (ur). **40 Dorling Kindersley:** Oxford University Museum of Natural History (ur). **Dreamstime.com:** Kseniya Ragozina (um). **41 Dreamstime.com:** Michal Balada (um); Delstudio (ur). **42 Alamy Stock Photo:** Universal Images Group North America LLC / DeAgostini (um). **43 Dreamstime.com:** Digitalimagined (ml); Michael Valos (mlu). **44 123RF.com:** Pablo Hidalgo (mlu). **Dreamstime.com:** Danakow (gor). **45 Dreamstime.com:** Johncarnemolla (m). **46 Science Photo Library:** Biozentrum, Universität Basel (ul); Dr. Richard Kessel & Dr. Gene Shih, Visuals Unlimited (mlo); Steve Gschmeissner (ml). **50 Alamy Stock Photo:** Krusty / Stockimo (om). **Dreamstime.com:** Anest (um); Hilmawan Nurhatmadi (mlu); – Martingraf (mr). **51 Alamy Stock Photo:** Colin Harris / era-images (m). **Dreamstime.com:** Paulgrecaud (gor). **52 Dreamstime.com:** Alima007 (ur). **Getty Images:** Ashley Cooper (um). **53 123RF.com:** avtg (ur). **Dreamstime.com:** Mykhailo Pavlenko (um). **55 Dreamstime.com:** Luca Luigi Chiaretti (mru); Hotshotsworldwide (mro). **57 Alamy Stock Photo:** Stanislav Halcin (mro). **59 Alamy Stock Photo:** imageBROKER (mr); Nathaniel Noir (mro). **60-61 Dreamstime.com:** Fiona Ayerst (um). **61 Dreamstime.com:** Ryszard Laskowski (um). **62 Dreamstime.com:** Max5128 (ur); Photodynamx (um). **63 Dreamstime.com:** Jukka Palm (ul). **65 Dreamstime.com:** Peerapun Jodking (mro). **66 Alamy Stock Photo:** Rick & Nora Bowers (ul); Travelib Prime (mlo). **71 123RF.com:** Andrea Izzotti (mr). **Dreamstime.com:** Stephankerkhofs (mro). **Getty Images:** Auscape / Universal Images Group (ur). **73 Alamy Stock Photo:** F. Bettex - Mysterra.org (mr). **Dreamstime.com:** Jeremy Brown (ur); Secondshot (mro). **74 Dorling Kindersley:** Jerry Young (ml). **Dreamstime.com:** Benoit Daoust / Anoucketbenoit (ul). **76 Dreamstime.com:** Rod Hill (gor). **naturepl.com:** Premaphotos (gom). **77 Alamy Stock Photo:** Blickwinkel (gom). **Dreamstime.com:** Geza Farkas gor). **79 Alamy Stock Photo:** NaturePics (gor). **81 Dreamstime.com:** Isabelle O'Hara (mro).**Getty Images:** De Agostini Picture Library (ur). **83 Alamy Stock Photo:** Tom Stack (mro). **Dreamstime.com:** Isselee (ur). **84 Alamy Stock Photo:** National Geographic Image Collection (ur). **85 Dorling Kindersley:** Jerry Young (ur). **naturepl.com:** Premaphotos (um). **86 Dreamstime.com:** Seadam (mru). **naturepl.com:** Alex Mustard (gor); Doug Perrine (ml). **87 naturepl.com:** Uri Golman (gom); Norbert Wu (ml); Pascal Kobeh (mr). **88 Alamy Stock Photo:** Image Source (ur). **89 Alamy Stock Photo:** Ross Armstrong (um). **Dreamstime.com:** Nic9899 (ur). **91 123RF.com:** Michal Kadleček / majk76 (ur). **Alamy Stock Photo:** imageBROKER (mr). **93 123RF.com:** David Pincus (mr). **Alamy Stock Photo:** Helmut Corneli (mro); David Fleetham (ur). **95 Alamy Stock Photo:** Minden Pictures (ur); Nature Photographers Ltd (mr). **99 Dreamstime.com:** Altaoosthuizen (mro); William Wise (mr); Elantsev (ur). **100 123RF.com:** Iurii Buriak (ur). **101 Getty Images:** Frans Sellies (ur). **102 Dreamstime.com:** Asnidamarwani (ur); Patryk Kosmider (um). **105 Alamy Stock Photo:** Avalon / Photoshot License (ur). **Dreamstime.com:** Maria Dryfhout / 14ktgold (mr). **106 FLPA:** Mike Parry (um). **107 Dreamstime.com:** Melanie Kowasic (ur). **109 Getty Images:** Fuse (mro); Eastcott und Yva Momatiuk / National Geographic (ur); Paul Nicklen / National Geographic (mr). **111 Dreamstime.com:** Isselee (mro). **naturepl.com:** Yva Momatiuk & John Eastcott (mr). **112 Dreamstime.com:** Menno67 (um); Wildlife World (ur). **113 Alamy Stock Photo:** Avalon / Photoshot License (um). **114 Dreamstime.com:** Mikelane45 (um); Mogens Trolle / Mtrolle (ur). **115 FLPA:** Otto Plantema / Minden Pictures (ur). **117 Alamy Stock Photo:** Reinhard Dirscherl (mro). **Dorling Kindersley:** Jerry Young (mr). **naturepl.com:** Matthias Breiter (ur). **119 123RF.com:** Eric Isselee / isselee (ur). **Alamy Stock Photo:** All Canada Photos (mr). **Dreamstime.com:** Marco Tomasini / Marco3t (mro). **120 Dreamstime.com:** Tropper2000 (mro); Rudmer Zwerver (mr). **121 123RF.com:** Andrea Marzorati (gol); Anek Suwannaphoom (mo). **Dreamstime.com:** Ecophoto (ml); Simon Fletcher (mr). **iStockphoto. com:** S. Greg Panosian (gor). **123 123RF.com:** mhgallery (mr). **Dreamstime.com:** Chayaporn Suphavilai / Chaysuph (ur); Mikelane45 (mro). **124 Alamy Stock Photo:** Arco Images GmbH (mlo). **Dreamstime.com:** Khunaspix (ul). **126 Corbis:** image100 (um). **127 Dreamstime.com:** Volodymyr Byrdyak (ur); Trichopcmu (um). **128 Dorling Kindersley:** Jerry Young (mlu). **129 naturepl.com:** John Abbott (ul). **131 123RF.com:** Duncan Noakes (mr). **Dreamstime.com:** Rinus Baak / Rinusbaak (gor). **132 123RF.com:** Uriadnikov Sergei (m). **134 Science Photo Library:** Dr. G. Moscoso (ur). **136 Dreamstime.com:** Smithore (mr); Alexey Sedov (ml). **137 123RF.com:** gradts (mro); Teerayut Ninsiri (mr). **Dreamstime.com:** Cathywithers (mlu); Elantsev (gol); Oksix (ur).

Dorling Kindersley dankt:

Helen Peters für das Register, Sam Priddy für inhaltliche Beiträge sowie Nidhi Mehra und Romi Chakraborty für die Assistenz bei der Bildverarbeitung.

Über den Illustrator

Sam Falconer interessiert sich für wissenschaftliche Themen und ganz besonders für die Erdgeschichte. Er hat bereits Illustrationen für *National Geographic*, *Scientific American* und *New Scientist* erstellt. Dies ist sein erstes Kinderbuch.